日経文庫

イノベーションの考え方

清水 洋

日本経済新聞出版

まえがき

「イノベーションとは何のことだろう」「何から始めれば良いのだろう」と思っている方は多いでしょう。「イノベーションを起こせ」と上司に言われたり、「イノベーションを起こして、一儲け！」と考えたりしている方もいるかもしれません。

本書はそのような方々に向けて、イノベーションの考え方の基本（特にどのようにイノベーションはつくられるのか）を考えるために書かれたものです。

イノベーションへの注目は大きく、多くの書籍が出版されています。イノベーションを生み出した企業家やそれを支えたベンチャー・キャピタリストの経験談、事例分析、アイディア発想法などさまざまです。興味にしたがって、読んでいくのが良いと思います。

本書の特徴は、巨人の肩にのる点にあります。イノベーションの研究は、百年ほど前から始まりました。様々な知見が積み重ねられています。これまでの蓄積から最新のものまで、学術的な発見にもとづき本書は書かれています。これまでの発見で最も重要なものは、イノベーションにはパターンがあるというものです。これまでの成功や失敗、人々の試行錯誤を集めてみると、そこに経験的な規則性が見られるのです。これを活かさない手はありません。

自分の思いつきや経験だけが頼りでも、うまくいくことはあるでしょう。ただ、それは、まるで、旧石器時代に二足歩行を始めたヒト属が、まわりに落ちていた岩のかけらや木の棒を効果的に使おうとそれぞれ工夫を重ねていたのと同じです。しかし、われわれの祖先は、コミュニケーションをとり、他者の試行錯誤の結果を知り、知識として蓄積し、それを利用してきました。自分の思いつきや経験を超えて学んだのです。巨人の肩にのって、イノベーションを考えていきましょう。

本書のメッセージのなかでも特に大切だと思うものを二つ最初にお伝えしましょう。一つ目は、イノベーションの生成はロングテールだということです。詳しくは第1章で見ていきますが、本気で頑張ったとしても失敗は多くなり、成功はわずかです。しかも、事前に成功するかどうかを見極めることはできません。だからこそ、試行錯誤を増やすことが重要です。

二つ目は、試行錯誤を通じた学習です。試行錯誤を多くするのですから、当然、失敗も増えます。だからこそ、失敗の原因を突き止め、それを共有することは大切です。それをせずに、試行錯誤の量だけを増やしていけば、繰り返し同じ失敗をします。いつまでたっても試行錯誤はデタラメなままです。わざと間違えることも必須です。試行錯誤の結果がきちんと分析され、それが共有されるなら、試行錯誤は繰り返すたびに価値が上がる実験になるのです。

この本には「答え」や「解決策」は書いていないことも最初にお知らせしておかなければなりません。もったいぶっているわけではありません。そもそもないのです。企業ごとに置かれている状況は異なります。企業の状態によって、生み出しやすいイノベーションと生み出しにくいイノベーションがあります。さらに、イノベーションには出し抜き競争という側面もあります。だからこそ、「これだけやっておけば大丈夫」という答えは存在しません。

ただし、これまでに経験的に観察された知見はあります。本書は、イノベーションを生み出すための考え方を提供するものです。自分の解決したい課題、置かれた状況、創りたい未来と照らし合わせて読んでいってください。そして、ぜひ一歩踏み出して行動してください。

はじめの二つの章では、イノベーションの基本的なポイントを見ていきます。何を達成すると「イノベーションができた」ということになるのでしょう。イノベーションとは何なのか、どのようなパターンがあるのかを見ていきます。「イノベーションを起こせ！」と言われても、話が噛み合わないのは、イノベーションについての理解が共有されていないからかもしれません。まずは、基本を押さえましょう。

第3章からは、イノベーションの構成要素である「新しいモノゴト」と「経済的な価値」の生み出し方について考えていきます。第3章と第4章では、新しいモノゴトを生み出す組織について考えていきます。あなたの組織は新しいモノゴトを生み出すことが得意なのかどうかをぜひ考えてみてください。第5章では、個人に焦点を当てて、イノベーションにとって大切な人を考えていきましょう。また、ここでは、イノベーションを生み出すことを目標にすることや、組織の全員で協力して進もうとすることはやめた方が良いことについても考えていきます。

第6章では、もう一つの要素の経済的な価値について考えていきます。新しさはイノベーションの大切な構成要素なのですが、それだけではイノベーションになりません。新しいモノゴトを経済的な価値に転換していかなければなりません。

生み出した新しいモノゴトが素晴らしいモノであればあるほど、他社は模倣をしようとします。簡単に模倣されてしまっては、企業が経済的な価値を獲得することはできません。新しいモノゴトを生み出すことばかりに注力していては不十分です。イノベーションを生み出すためには、高い戦略性が必要です。

最後の章では、イノベーションと社会について考えていきます。ビジネスパーソンというよりも、一人の市民として、イノベーションを生み出しやすい社会、そこでの国の役割などについて考えていきましょう。

本書はご覧の通り新書サイズのコンパクトな本ですので、紙幅に限りがあります。イノベーションという多面的な現象のすべてを一冊に収めることはできません。本書は、イノベーションを考えるための入門的な位置づけにあり、学術的なテキストである『イノベーション』と『アントレプレナーシップ』(両方とも、清水洋、有斐閣、二〇二二年)をベースに、ビジネスパーソン向けに書かれています。研究で得られている知見をビジネスパーソンに橋渡しをすることが大きな目的の一つです。重要なところには文中に原典を記していますが、既に一般的に知られているものについては省略しています。内容について原典をたどりたい方や、より学術的な議論から考えたい方はこの二冊もご覧ください。

イノベーションの考え方　目次

第2章 イノベーションにはパターンがある

第3章　あなたの組織は新しさを生み出すのは得意ですか　77

第4章 イノベーションとマネジメントのフィット

第5章 誰がイノベーションを生み出すのか

第6章　新しさを経済的価値に転換するための戦略

第1章

イノベーションの基本から考える

イノベーションとは何のことでしょう。イノベーションはさまざまな意味で使われています。それだけイノベーションという言葉が一般的になってきたのです。ただ、理解が異なっていると話がかみ合いません。まずは、目線合わせをしましょう。

イノベーションとは、「経済的な価値をもたらす新しいモノゴト」です。大切なポイントは二つです。「経済的な価値」と「新しいモノゴト」です。経済的な価値を生み出していたとしても、新しくなければイノベーションとは言いません。新しくても、経済的な価値を生み出していなければ、イノベーションとは呼びません。

新しいモノゴトで経済的な価値を生み出すことができれば、イノベーションが生み出せたということになります。まずは、この二つをそれぞれ見ていきましょう。

1　新製品が新しいとは限らない

新しくなければ、イノベーションではありません。「イノベーションですね！　うちの会社は新しくリリースする製品が多いのですよ」という方がたまにいらっしゃいます。新製品が多いのは良いのですが、これはここで考えたい新しさとは違います。

イノベーションの「新しさ」は、時間の経過の程度ではなく、既存のモノゴトと比べての新規性の程度のことです。つまり、昨日、新製品をリリースしたからといっても、新規性の程度が低ければ、「新しい」とは言えないのです。

それでは、何が新しければ良いのでしょうか。イノベーションというと、新しい製品やサービスを思い浮かべる方は多いでしょう。確かに、消費者が目にする機会が多いのは、製品やサービス面での新しさです。ただ、新しくできるのは、製品やサービスだけではありません。生産工程をより効率的な新しいものに刷新することはよくあります。新しいマーケティングを導入したり、ビジネスモデルを新しくすることもあるでしょう。ビジネスをする組織のあり方を新しくすることもあります。

新しさの所在は、はっきり言えば、何でも構わないのです。

(1) 仲が悪い二つの新規性

どのくらい新規性が高ければ「新しい」と言えるのでしょうか。新規性は二つに分けられます。一つは、既存のモノゴトを大きく破壊するもので、新規性の程度が高いものです。典型例は、蒸気機関です。蒸気機関によって動力は大きく変わりました。蒸気機関は船や列車、工場などさまざまなところで動力として用いられました。大量の馬は失業しましたが（馬は喜んでいたとは思います）、生産性は大きく向上しました。このような新規性の高いものは、ラディカル・イノベーションや非連続的イノベーションなどと呼ばれています。イノベーションの一般的なイメージに近いものではないでしょうか。

もう一つは、既存のモノゴトのあり方を前提としたうえで、それに漸進的な改良を加えるものです。インクリメンタル・イノベーションや累積的なイノベーションと呼ばれています。「いやいや、そんな小さな改良なんてイノベーションじゃないでしょ！」と上司に言われることもあるかもしれません。実際に、イノベーション研究の初期の頃は、新規性の高いものだけがイノベーションと考えられていました。しかし、研究が進んでくると、既存のモノゴトを破壊する新規性の高いものばかりでなく、既存のモノゴトを漸進的に改良していくものも経済的な価値を生み出すうえで大切だと分かってきたのです。

「本当に小さな改良や改善もイノベーションなの？」と思う人もいるはずです。確かに、既存のモノゴトとの差の程度から言えば、ずいぶん小さなものも含まれることになります。ラディカルなイノベーションは、既存のモノゴトを大きく変革するものなのですが、それが生み出されたときには非常に粗野なものです。はっきり言えば使い物にならないのです。その粗野なものが少しずつ改良されてくるにつれ、使えるようになり、経済的な価値が生まれてくるのです。新規性の程度の高いものも低いものも、両方とも大切なのです。

ただ、困ったことにラディカルなものとインクリメンタルなものには、トレードオフがあります。詳しくは次の章で見ていきますが、一つの組織で両方やろうとすると、これがなかなか難しいのです。

ラディカルなイノベーションを生み出そうと頑張ると、どうしてもインクリメンタルなイノベーションが少なくなってしまいます。インクリメンタルなイノベーションを推し進めていくと、ラディカルなイノベーションが起こりにくくなってしまうのです。これはハーバード大学のウィリアム・アバナシーが最初に発見したもので、生産性のジレンマと呼ばれています〈Abernathy (1978)〉。

これらの新規性は完全に二つに分けられるものではなく、あくまでも程度問題です。ただし、このトレードオフは繰り返し観察されてきました。トレードオフの原因は企業の組織や戦略のあり方にあります。この点については、第4章や第5章で詳しく見ていきましょう。

本書にはしばしばトレードオフが出てきます。どちらかを選べば、他に選べなくなるものがあるのです。一石二鳥、一挙両得はなかなかうまくいきません。ただ、これを戦略的に考えればチャンスの源泉にもなります。誰でもやりようがあるのです。

(2) タネだけつくって安心しない

新しさについて、一つ注意点があります。イノベーションというと、蒸気機関や飛行機、あるいはコンピューターやインターネット、自動運転のクルマ、人工知能など新しい技術をイメージする方が多いのです。確かに、イノベーションの背後には新しい技術があることはよくあります。

しかし、イノベーションは、経済的な価値をもたらす新しいモノゴトです。ということは、いくら技術的に新しくても経済的な価値を生んでいなければ、イノベーションではありません。

「うちの会社は特許をたくさんとっているから、イノベーションを生み出している」と言いたくなる気持ちはとても分かります。技術に新規性や進歩性がなければ、そもそも特許はとれませんから、特許になっている技術は新しさや有用さがあると言えます。しかし、世の中の特許で実際に経済的な価値を生み出しているものは、ごくわずかです。その他の特許は、新しさはあるけれども、経済的な価値をまだ生み出していない発明です。技術的な革新を生み出しているということは、必ずしもイノベーションを生み出しているとは限らないのです。科学的な発見も同じです。大学や研究機関では、新しい科学的な発見がなされています。ノーベル賞をとるような重要な発見もあります。しかし、技術と同じように新しい科学的発見も、それが経済的な価値を生み出していなければイノベーションとは呼びません。

技術革新や科学的な発見がイノベーションとは関係ないというわけではありません。技術革新や科学的発見などの新しい知識がまだ経済的な価値を生み出していなかったとしても、それは将来のイノベーションの大切なタネです。ただ、タネだけつくって、「うちの会社にはイノベーションがあります！」では困るのです。

2　経済的な価値を得るのは誰か

「自社で新しいモノゴトを生み出したのに、ちっとも儲かっていない」という状況を想像してください。これは、イノベーションを生み出したと言えるのでしょうか。イノベーションが生み出す経済的な価値とは何でしょう。これは少しだけやっかいなポイントです。ただ、何がイノベーションで何が違うのかについての誤解の源の一つですから、丁寧に見ていきましょう。

経済的な価値の中身は、社会的余剰です。つまり、社会的余剰を生み出す新しいモノゴトがイノベーションです。社会的余剰とは、簡単に言えば、消費者が得をする部分（消費者余剰と呼ばれています）と、生産者が得をする部分（生産者余剰と呼ばれています）を足したものです。

図表1－1を見てください。高校の公民の授業や大学の経済学の入門科目などで見たことがある図ではないでしょうか。需要曲線と供給曲線が示されており、この二つが交わるところ（E）で価格（P）が決まることを示したものです。

需要曲線は、消費者の支払意思額です。このくらいの値段だったら払っても良いかなと思っている額です。これより高ければ（この図では需要曲線の上側）では、消費者は買ってくれません。供給曲線は、企業が生産するのにコストがどのくらいかかるかを示しています。企業は、この供給曲線よりも下の価格では費用を賄えないので、生産をしてくれません。

消費者が支払っても良いと思う額を表している需要曲線から低い価格（需要曲線の下の部分）であれば、消費者は喜んで買います。しかし、実際に消費者が支払うのは、この図で言えば均衡価格のP*です。ということは、AEP*のところは、消費者が支払っても良いと思っ

図表 1-1　社会的余剰（消費者余剰と生産者余剰）

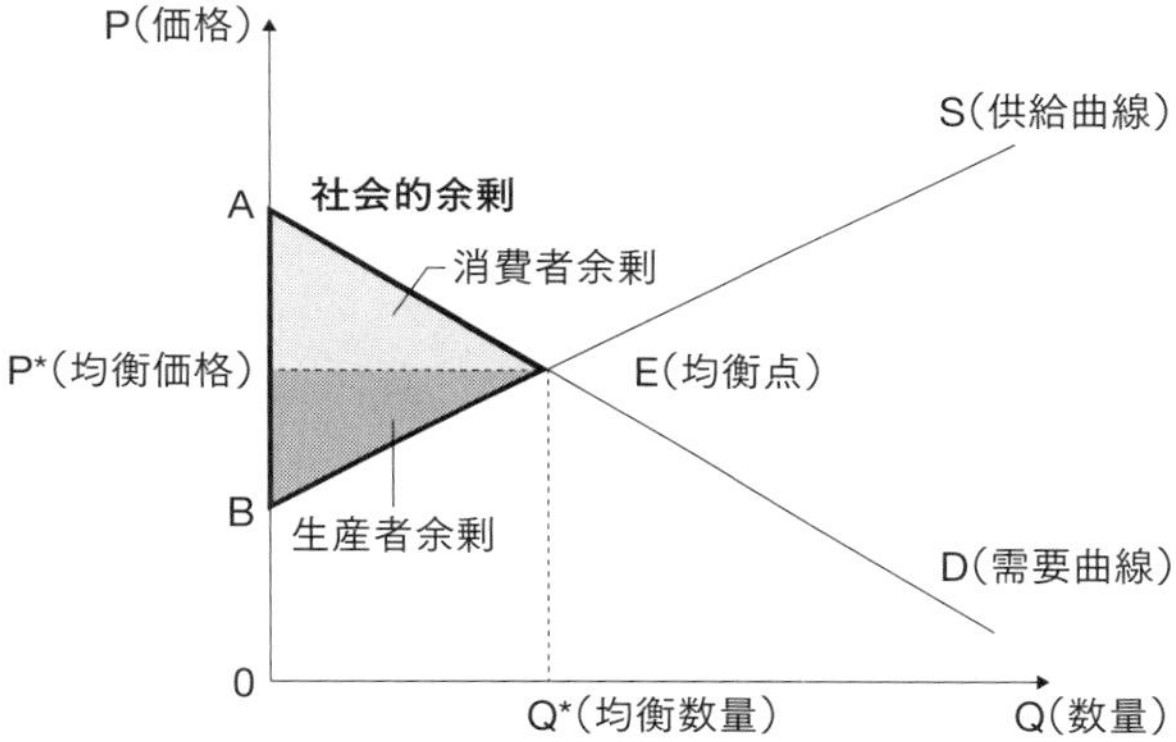

ている額よりも低い価格で買えたわけですから、消費者にとっては得をした部分です。これを消費者余剰と言います。

企業にとっては、生産コストを上回る価格（つまり、供給曲線よりも上側）で買ってもらえれば、儲けが出ます。この図で言えば、BEP*は生産者が得をした部分です。これを生産者余剰と言います。

消費者余剰と生産者余剰を足したものが社会的余剰です。社会的余剰を大きくする新しいモノゴトがイノベーションです。

それでは、社会的余剰はどのように大きくなるのでしょうか。図表1－2を見てください。社会的余剰は二つのルートで増えます。一つは需要曲線の変化です。消費者の支払い意思を高めるよう

図表 1-2　社会的余剰の二つの増え方

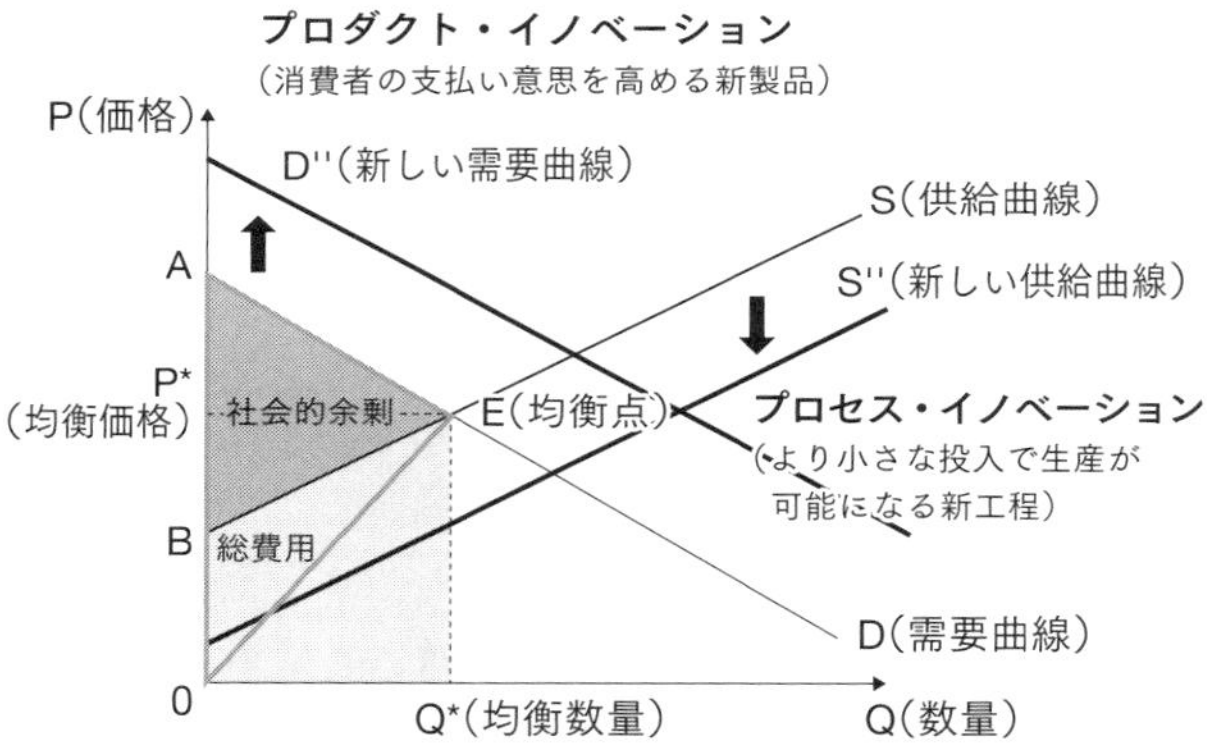

［出所］　清水（2022 b）p.53

な魅力的な新しい製品やサービスが生み出されると、需要曲線がDからD''へと押し上げられます。需要曲線が押し上げられることで、社会的余剰も多くなります。これは、プロダクト・イノベーションと呼ばれるものです。

二つ目は、供給曲線の変化です。生産工程をより効率的なものにできれば、これまでよりも少ないインプットで生産できるようになります。生産性が上がると、供給曲線はSからS''へと押し下げられます。これも社会的余剰を増やします。これは、プロセス・イノベーションと呼ばれるものです。

このように、社会的余剰は、需要曲線、供給曲線、あるいはその両方が変化することで大きくなったり、小さくなったりするのです。違う言い方をすれば、需要曲線を押し上げたり、供給曲線を押し下げたりする新しいモノゴトが、イノベーションなのです。

(1) 誰にとってのイノベーションなのか

消費者余剰と生産者余剰について注意が一つあります。図表1－1では、社会的余剰が消費者余剰と生産者余剰にきっちりと半分に分かれています。しかし、社会的余剰がいつもこのように消費者の取り分と生産者の取り分で半分になるとは限りません。

消費者の取り分が大きくなる場合もありますし、生産者の取り分が大きくなることもあります。消費者の取り分が大きくなる典型は、企業間の競争が同質的で激しい場合です。企業が魅力的な新製品をつくったとしても、すぐに同業他社から同じような製品が次々と生み出されるような場合です。

この場合は、良い製品が安くなります。企業は儲かりません。生産者余剰は小さくなります。企業にとってはあまり喜ばしい話ではありません。しかし、良い製品が安く手に入るわけですから、消費者は喜びます。消費者余剰が大きくなるわけです。

新しく良い製品をつくったとしても、企業にとっては儲からなければイノベーションではないということになるでしょう。しかし、このような場合には、消費者余剰側が増えているので、社会的に見ればイノベーションということになります。「自社で新しいモノゴトを生み出したのに、ちっとも儲かっていない」という状況は、消費者余剰が大きくなっているわけです。

消費者余剰が小さくなり、生産者余剰が増えるのは、典型的には企業がイノベーションを生み出し、ある一定期間であっても、独占的な利益を得るような場合です。企業は儲かりますが、消費者としては高い価格を支払わなければならないので、消費者余剰は小さくなります。

このことは、イノベーションを考えるうえでは、「誰にとっての？」という視点が大切だということを意味しています。「企業にとっての」イノベーションを考える場合には、生産者余剰が上がっていなければ経済的な価値を生み出したとは言えません。生産者余剰の上昇は、最終的には高い利益率として結実します。売上高やシェアの拡大などを目指すこともあるかもしれませんが、それはあくまでも戦略的な通過点の一つに過ぎません。

いくら画期的な新製品やサービスを生み出したとしても、それによって収益性が上がっていなければ、企業にとってはイノベーションを生み出したとは言えません。しかし、「社会にとって」は、生産者余剰が増えていなかったとしても、消費者余剰が上がり、社会的余剰が増えていれば、経済的な価値を生み出しているということになります。

(2) セットで考える

本書が想定する読者はビジネスパーソンの方々ですから、企業にとってのイノベーションを考えていきましょう。ということは、新しいモノゴトにより生産者余剰が増えていることが大切です。

そのためには、「新しいモノゴトを生み出す」ことと「経済的な価値に転換するための戦略」の二つをセットで考えなければなりません。新しいモノゴトがイノベーションのタネだとすると、経済的な価値への転換はタネから花を咲かせるようなものです。

抽象的な話が続いたので、ここで少しリラックスしましょう。居心地の良いホテルをイメージしてください。ホテルに泊まって最も長い時間を過ごすのはどこでしょうか。もちろん、ベッドの上です。寝ている時間が一番長いのです。ということは、寝心地の良いベッドや肌触りの良いリネン、快適な枕などを用意できれば、顧客満足度は上がるはずです。

そう考えたアメリカの大手ホテルチェーンは、ベッドマットレスメーカーやリネンメーカーと共同で研究開発投資をして寝心地の良いマットレスや気持ちの良いリネンを開発しました。無事に開発も終わり、質の高いマットレスとリネンができたので、満を持して大々的に宣伝し、顧客を呼び込みました。顧客たちは新しいマットレスやリネンに満足していました。ここまでは大手ホテルチェーンの目論見通りであり、大成功です。

しかし、その翌年、このホテルチェーンにとっては予期しないことが起こりました。ライバルのホテルチェーンのマットレスとリネンがこぞって新しくなったのです。ライバルたちは、このホテルチェーンの成功を見て、すぐに真似をしたのです。マットレスやリネンの品質を高めるのにはコストはかかりますが、技術的にはそれほど難しくはありませんでした。アメリカのホテルのマットレスやリネンの品質が上がったのです。

マットレスやリネンの品質が良いのは当たり前になりました。寝心地を良くすることはもはや差別化に結びつかないどころか、品質の高くない既存のベッドやリネンでは顧客に選ばれなくなってしまったのです。自分のホテルだけ「きしむベッド」ではお客さんは来てくれません。こうなると大変です。ベッドやリネンの品質を良くしなければ（古いベッドのままでは）顧客は来てくれないのですが、品質を良くしたからといって他社との差別化にはならないのです。ホテルにとっては、しょうがないけどやらないといけない投資です。

　このように、競争が同質的なものになると、新しいモノゴトができたとしても、それを経済的な価値に転換するのは企業にとっては難しくなります。もしも、マットレスやリネンの品質を上げたコストを価格に転嫁したら、顧客はライバル企業に移ってしまうのでなかなかできません。こうなるなら、最初のホテルチェーンもマットレスやリネンを新しくしない方がまだましでした。コストがかからないからです。

　競争が同質的なものになるとイノベーションの恩恵は生産者の手元には残りにくくなり、恩恵は消費者に向かいます。消費者にとっては、今まで通りの価格で寝心地の良いベッドが手に入るわけです。消費者余剰が大きくなり、生産者余剰が小さくなるのです。

　これは消費者にとってはありがたいですが、企業にとっては困ります。新しいモノゴトが素晴らしければ、当然、多くの企業が模倣を試みるでしょう。優れた新しいモノゴトを生み出したとしても、その模倣が容易であれば競争は同質的なものになりやすく、経済的な価値に転換するのは難しくなります。

　画期的なモノゴトを生み出せたとしても、それをそのまま市場に出せば経済的な価値を獲得できるほど甘くはありません。優れたアイディアをそのまま市場に出せば、あっという間に模倣が始まります。

同質的な競争が始まってしまうと、そこで競争する企業にとっては大変です。ようやくライバルよりも良質なものや安価なものができたと思っても、すぐに追いつかれたり、追い越されたりします。「同じ場所にとどまるためには、絶えず全力で走っていなければならない」と不思議の国の赤の女王が言うように、全力で走り続けてもようやく置いていかれないぐらいです。

これは大変ですが、ある意味では楽でもあります。ライバルと同じように切磋琢磨していれば良いのです。ライバルと同じ土俵で競争する努力は、誰にでも分かりやすいのです。金融機関や投資家や、「なぜ、ライバルたちは頑張っているのに、わが社はやらないんだ?」と質問してくる素朴な上司にも説明しやすいでしょう。「そうですよね。ライバル企業もみんな注目し、投資を増やしている領域です。わが社も……」と言えるのです。

しかし、これは思考停止です。頑張っている感じは出せるのですが、戦略性が低い意思決定をしていると言わざるを得ません。イノベーションを考えるうえでは特に、「他がやっているからうちも……」ではなく、「他がやっているならうちは……」という戦略的な考え方が重要です。

新しいモノゴトを経済的な価値に転換するためには、模倣を防いだり、模倣される前に超過利益を獲得したり、参入障壁を構築したりとさまざまな戦略があります。これらは第6章で詳しく見ていきますが、いずれにしても高い水準の戦略的な意思決定が必要となります。新しいモノゴトを生み出すための組織と新しいモノゴトを経済的な価値に転換するための戦略のセットが、イノベーションを生み出すためには必要なのです。

3　知識だからこそ

イノベーションを煎じ詰めると、そこには新しい知識があります。新しいアイディアと言っても良いかもしれません。この新しい知識というのは、イノベーションのパターンに影響するいくつかの特質を持っています。

(1)　知識が大切な理由

なぜ、知識が大切なのでしょう。新しい知識やアイディアの重要性は当たり前すぎて、丁寧に考えられることは少ないかもしれません。知識が大切な理由は、生み出しうる経済的な価値の大きさを規定するからです。端的に言えば、知識やアイディアがビジネスの源泉になっているとと大きな経済的な価値につなげやすいのです。

所得が高い仕事は何でしょうか。医師やパイロット、弁護士、あるいはコンサルタントなどが頭に浮かびます。確かに、このような職業の平均的な所得は高いでしょう。しかし、あくまでも平均です。平均は、ものすごく高い値があると押し上げられますし、低い値があると押し下げられます。

このような職業につく人の平均所得が大きくなるのは、平均を押し下げる人たちが少ないからです。プロスポーツ選手や小説家、漫画家や俳優などにはものすごく稼ぐ人がいる一方で、低い所得の人たちがたくさんいるのです。そうすると平均所得は上がりません。

ここで注目したいのは、ものすごく高い所得を得る人です。医師やパイロット、弁護士、あるいはコンサルタントなどが、所得を五倍、あるいは十倍にしようと思うと大変です。これは、基本的に稼ぎ方が労働時間に依存するからです。医師は患者を診なければいけませんし、パイロットは飛行機を操縦しなければなりません。自分の稼働時間に稼げる額が依存するのです。これは、ビジネスでも同じです。労働集約的なビジネスは、得られる経済的価値は稼働時間に依存します。美容院やレストランは、閉店しているときには稼げないのです。

知識やアイディアがビジネスの源泉の場合には、経済的な価値は稼働時間や場所にはあまり依存しません。J・K・ローリングが寝ているときにもハリー・ポッターは世界中で売れますし、アダリムマブ（関節リウマチ薬として使われています）はその開発チームが食事をしている間にも世界中で売れ続けていました（現在は、特許が切れたので、ジェネリックでの競争が始まっています）。

知識やアイディアが大きな経済的な価値につながりやすい一つの理由は、多重利用しやすい性質があるからです。知識やアイディアは、同時に多くの人が消費してもそのアイディアの質には影響は出ません。ハリー・ポッターを同時に多くの人が読んでも、その面白さは変わりません。多くの人が服用すると、アダリムマブが効きにくくなるということもありません。このように、同じモノゴトを同時に複数の人が使える性質は、非競合性と呼ばれています。

もちろん、医師やパイロットだって、知識にもとづいて仕事をしています。ただ、自分の稼働時間と知識の利用が切り離されていないため、多重利用ができないのです。これを切り離せれば、大きな経済的な価値につながる可能性が出てきます。

さらに、知識やアイディアの多重利用は安価にできます。限界費用が安いのです。これが大きな経済的な価値につながりやすい二つ目の理由です。

限界費用とは、製品やサービスを追加的にもう一つ生産するときにかかる費用のことです。ハリー・ポッターの本の場合は、それを印刷・製本し、書店に並べるコストです。電子書籍であれば、そのようなコストはさらに小さくなります。アダリムマブも同じです。追加的に生産するのにかかるのは原材料や運送費で、それはさほど大きなコストではありませ ん。限界費用が小さければ、当然、限界利益（製品やサービスを追加的に一つ生産するときに得られる利益）は大きくなります。

(2) 知識は大規模に、多重利用する方が得

新しい知識を生み出すためには、投資が必要です。もちろん、思いつきも大切ですが、それに頼っていては、組織としては脆弱です。知識を生み出すための投資の典型例は、研究開発投資です。この投資は、企業にとっては多くは固定費であり、なおかつ埋没費用であるという特徴があります。固定費から見ていきましょう。

固定費とは、企業の売上高の変化に影響されることなく、一定に発生する費用です。研究開発について言えば、実験設備や研究開発に携わる人の人件費などが固定費です。

固定費が大きいと、規模の経済性が効きやすくなります。規模の経済性とは、生産規模が

大きくなるにつれて、製品やサービス一つあたりの平均費用が下がることです。なぜ、固定費が大きいと、規模の経済性が効きやすいのでしょう。

例えば、研究開発の新しい設備に百万円を投資したとしましょう（百万円は実際には研究開発投資としては低額ですが、話を分かりやすくするために百万円としておきましょう）。研究開発がうまくいき、新しい製品が開発できたとします。そのときに、新しい製品を一つだけしか生産しなかった場合には、この製品に配賦される研究開発費は百万円です。もしも、新しい製品を二つ生産すれば一つあたりの配賦分は五十万円になり、百個生産すれば一つあたり一万円になります。このように、固定費は生産量が大きくなれば、一つの製品あたりの配賦分が小さくなっていきます。

企業にとっての費用は、固定費だけではありません。変動費もあります。変動費は、生産量や販売量の増減に伴って、変化する費用です。生産量や販売量が増えれば変動費は大きくなり、減れば小さくなります。原材料費や運送費などが典型です。生産量や販売量の増減により、変動費も増減するので、製品一つあたりの変動費は生産量や販売量にかかわらず同じです。

変動費と固定費を合わせたものが、企業にとっての総費用です。総費用における固定費の割合が大きくなると、規模の経済性が効きやすくなります。生産規模が大きくなると、製品一つあたりの固定費の配賦分が小さくなっていくからです。

そのため、新しい知識を生み出すための投資をしたならば、新しく生み出した知識を使ってできるだけ大規模なビジネスを構築する方が得になります。売上高が大きくなると、それに伴い投資のコストを広く配賦できるため、一つの製品やサービスあたりのコストが下がり、高い利益率が期待できます。

拡大したいのは、規模だけではありません。知識は非競合財であるため、同時に多重利用してもその有用性は小さくなりません。同じ知識を使って、さまざまなビジネスに展開することができれば、その知識を生み出すために投資した固定費を広く配賦することができ、平均費用を低下させることができます。

例えば、水分をよく吸収してくれる優れた高吸水性樹脂を生み出すことができれば、それを赤ちゃん用や大人用のおむつ、生理用ナプキン、ペットシーツ、ゲル芳香剤、使い捨てカイロ、土壌保水剤などさまざまに利用することができます。このようにビジネスを多角化し、知識を多重利用することにより、平均費用を低下させることができるのです。これは、範囲の経済性と呼ばれるものです。

規模の経済性や範囲の経済性を効かせられれば、つまり知識を大規模に、そして多重利用することができれば、コストを広く配賦させることができるので、コスト面で有利です。これは、コスト・スプレディングと呼ばれています。これについては、第3章で詳しく見ていきましょう。

(3) 取り戻せないからこそ、独占的な利益につながる

新しい知識を生み出すための投資は、埋没費用になりやすいという特徴もあります。埋没費用は、一般的にはサンク・コストと言われることが多いので、以下ではサンク・コストで統一しましょう。サンク・コストとは、特定のビジネスに必要な投資のうち、その市場から撤退するときに戻ってこないものです。文字通りサンク（埋没）するコストです。

サンク・コストの代表例は、研究開発費や広告宣伝費です。あるビジネスのために行った研究開発や広告宣伝は、そのビジネスから撤退するときには基本的には戻ってきません。

工場などの設備は、ビジネスから撤退するときに売却することも可能です。もちろん、足元を見られ、安い価格で売却をせざるを得ないこともあるかもしれませんから、投資のすべてを取り戻せるわけではありません。しかし、研究開発投資や広告宣伝費などと比べると、

まだ取り戻せる割合が大きいのです。

研究開発の成果である特許はビジネスから撤退するときに売却することもできるかもしれませんが、取り戻せるのはごくわずかです。

サンク・コストは取り戻せないので、できるだけサンク・コストとなる投資は控える方が良いと考える人もいます。しかし、サンク・コストは独占的な利益の源泉になります。サンク・コストを避けてばかりいると、大きな競争力を構築できません。

サンク・コストは、参入障壁を構築するうえで重要な役割を果たします。参入障壁とは、あるビジネスに新規参入を試みる企業にとって、参入を妨げる壁になるものです。参入障壁が高ければ、儲かりそうなビジネスであったとしてもなかなか新規参入企業は現れません。その結果、そのビジネスに既に参入している企業の収益性は高くなります。

なぜ、サンク・コストは参入障壁の構築に大切なのでしょうか。そもそも、研究開発は、企業が自社の新しい製品やサービスを生み出したり、既存のモノゴトの品質を高めたり、より効率的な生産を行うために、新しい知識を生み出す活動です。研究開発がうまくいき、新しい製品やサービスを生み出せたり、新しい生産工程を構築できたりすると、差別化やコストダウンにつながり、ライバル企業に対して参入障壁を構築することができます。

さらに、研究開発は新しいビジネス機会の源泉でもあります。研究開発投資を行って、新しい知識を生み出すことができると、他社に先駆けて新しいビジネス機会を追求することが可能になります。先行者優位性を活かせれば、それは大きな参入障壁として機能し、ある一定期間（どのくらいの期間持続可能かはそれぞれですが）独占的な利益を享受することができます。

ただ、これらは研究開発の効果であり、それがサンク・コストであることとは直接的には関係のない（けれど、重要な）ポイントです。サンク・コストは、ビジネスから撤退するときに戻ってこないコストです。既存企業は既にビジネスを行っているので、それに伴うサンク・コストを支払っていると言えます。それに対して、まだ参入していない企業（新規参入を考える企業）は、まだそのサンク・コストを支払っていません。つまり、サンク・コストとは、既存企業と新規参入企業の間にある非対称なコストなのです。

サンク・コストは、既存企業にとっては支払済みのコストです。既存企業がそのビジネスから撤退したとしても、回収できません。一方、これから新規参入を考える企業は、まだそのようなコストを払っていません。そのため、新規参入を考える企業は、まだ支払っていないこのコストの機会費用を考えざるを得ません。サンク・コストになってしまうものを、他のビジネス機会の追求に投資した方が良いかもしれないのです。このビジネスに新規参入するとすれば、回収できないコストを抱え込むわけです。新規参入しなければ、このコストを回避できます。

サンク・コストの存在は、既存企業と新規参入を考える企業の間で非対称なコストであり、参入障壁になります。サンク・コストが大きければ、当然、参入障壁は高くなります。

参入障壁が高いほど、収益性は高まります。参入障壁が十分に高ければ、独占的な利益を得ることができます。高い水準の収益性が期待できることは、投資にとっては大切です。優れた新しい知識を生み出せたとしても、高い収益性が期待できなければ、トップマネジメントは投資をせず、イノベーションも生まれないのです。この点は、本章のコラムでも見ていきましょう。

(4) 新しさの分布はロングテール

知識についてもう一つ大切なポイントがあります。新しい知識の生成をその知識の新規性で見てみると、その分布はロングテールになります（ファットテールとも呼ばれます）。

新しさを求めるプロジェクトで、結果として生み出される新規性の高さとそれが生み出される頻度をプロットすると図表1－3のようになります。

横軸は新規性の程度を表しています。右側に行くほど新規性が高くなります。縦軸は頻度を表しています。最も多く生み出されるもの（曲線のピーク）の新規性の程度は高くありません。新しいアイディアを出そうといろいろ考えてみても、出てくるアイディアの多くはたいしたことがないものばかりという経験はないでしょうか。これも同じです。

考えつくアイディアはたいしたことがないものばかりですが、それでもたくさんアイディアを出していくと、そのなかには素晴らしいものがいくつか出てきます。頻度を見ると、右側に裾野が長くなっていますから、テールが長いと言われるのです。画期的なモノゴトは、たくさんの失敗の上に成り立っているわけです。エンジェルやベンチャー・キャピタルなどは、右側に広がった裾野からのリターンを追求していると言えます。

「それうまくいくの？」と聞かれると、新規性が高いチャレンジであればあるほど、あまりうまくいかなそうに思えてきます。事前にどれがヒットするかは、ほとんど分からないのです。それだからといって、うまくいきそうなものにやる前から絞り込んでしまっては困ります。大切なポイントは、投資の総額ではなく、試行錯誤の数です。もちろん、試行錯誤の数を増やせば、結果として、総投資額も増えます。ただ、いくら投資額を増やしても、試行錯

図表 1-3　新しさの分布

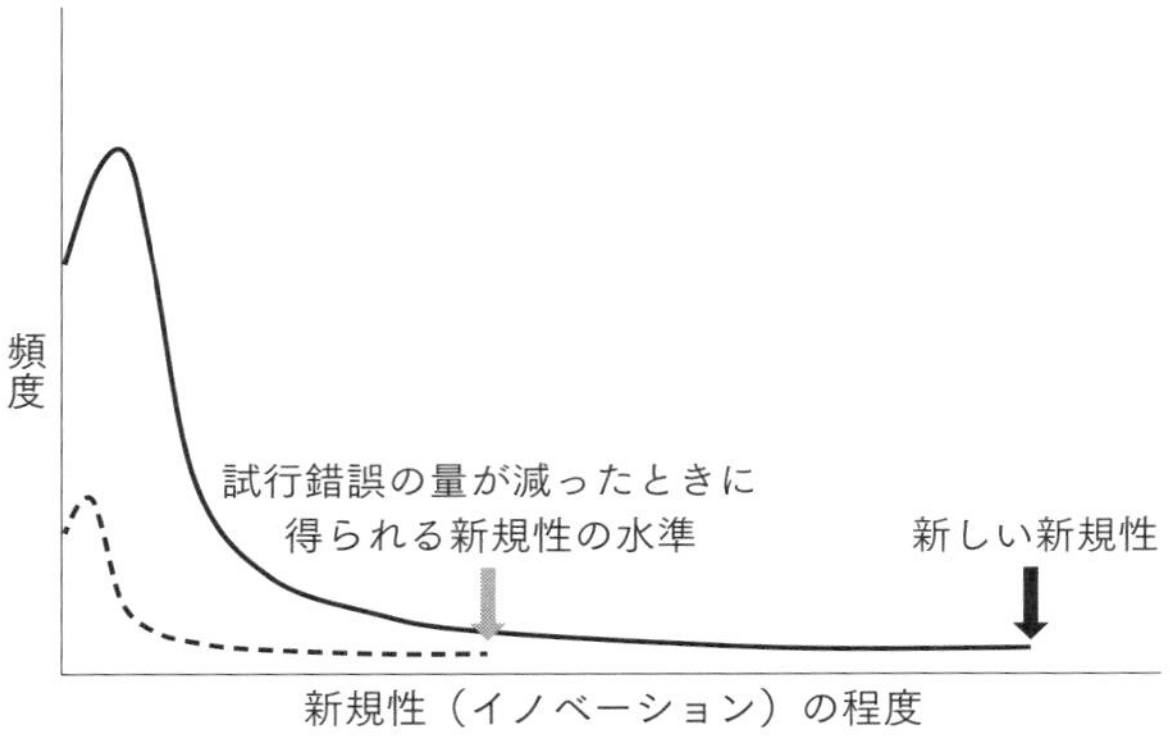

［出所］ 清水（2022 b）p.68

誤の数を増やさなければ、テールは長くなりません。

試行錯誤の量を減らしてしまうと、図表1－3の破線のように得られる新規性も小さいものになってしまいます。「社内一丸で」とか「グループの総力を上げて」、あるいは「日本の力を結集してオール・ジャパンで」といったスローガンは美しく聞こえるかもしれませんが、試行錯誤を社内や企業グループ、あるいは日本だけに限ってしまいかねません。もちろん、一回（あるいは数回）で大当たりを引くこともありますが、それはラッキーです。運頼みでは、組織としては脆弱です。新しさを生み出す競争は、試行錯誤を多くするゲームだとも言えます。

(5) 失敗の許容だけでは不十分

イノベーションのためには、失敗の許容が大切だとよく指摘されます。これはその通りです。より詳しくは、第5章で見ていきますが、ロングテールということから考えると、失敗の許容だけでは十分ではありません。失敗の原因の追究とその共有、そして、わざと失敗することを肯定的に評価することが必要です。

丁寧に見ていきましょう。失敗を二つの種類に分けて考えます。一つ目の失敗は、意図しないものです。新規性の高いプロジェクトを行えば、当然、うまくいかないことも多いでしょう。しかし、それは、「これならうまくいくだろう」あるいは、「うまくいくかもしれない」と考えて行ったのだけれども、結果的に失敗してしまったものです。

テールを長くしていくと、このような失敗が多くなります。ただ、失敗しっぱなしでは、組織には知識が蓄積しません。会議になると、なぜかいつも同じような話をしていることはないでしょうか。「そういえば、あの件はなぜダメだったんだっけ？」と皆が疑問に思う会議もあるでしょう。失敗から学ばない組織の典型です。何度も同じ失敗をします。そのうち、「失敗ばかりだ」と言って、もっと良いやり方を探索することを止めてしまいます。

たくさん失敗するからこそ、失敗からの学習が大切です。科学の実験では、成功、失敗にかかわらず、それを分析し、ノートにまとめて、次の実験へと活かします。企業では、成功物語は社内で受け継がれることが多いですが、失敗はそうはいきません（居酒屋トークとしては失敗談の共有はあるかもしれませんが）。しかし、新規性の高い試みをしている場合には特に、成否にかかわらず、その原因を分析し、組織的に共有することが大切です。失敗を許容するだけではなく、失敗を分析し、それを共有することを高く評価する仕組みが重要です。それにより、試行錯誤は繰り返すたびに価値が上がる投資になるのです。

もしも、成功した人だけを評価していたら、社内での学習は止まってしまいます。成功ばかりが報告されてしまうからです。失敗が負の評価につながる場合は、さらに問題は深刻になります。失敗は隠されるようになります。隠蔽《いんぺい》体質の組織文化につながってしまいます。これでは、何度も同じような失敗をすることになりますし、企業全体を揺るがす大きな失敗につながりかねません。

失敗から学ぶことの大切さは、新規性の高いイノベーションにとっても、既存のモノゴトを前提にした累積的なイノベーションにとっても同じです。特に、前者は、天才的なひらめきや偶然の発見などから生まれているイメージもあるかもしれません。ただ、実際には多くの試行錯誤のなかから生まれています。

(6) 意図的な失敗が学習を促進する理由

二つ目の失敗を考えましょう。失敗というと、成功させようと頑張ったのだけれど、結果的にうまくいかなかったというイメージが多いはずです。これが一つ目の失敗です。わざと失敗したわけではないのです。だからこそ、「チャレンジした人は、それだけで重要なのだからたたえよう」と言われたりします。チャレンジの促進にはこれも大切です。

二つ目の失敗は、これとは異なります。意図的な失敗です。わざと間違えるのです。この二つ目の失敗の方が、学習は進みます。失敗することは、仮説の検証に大いに役立つからです。これは、間違っているけれど、みんなが正しいと信じている仮説から抜け出す唯一の方法と言っても良いでしょう。

なぜ、意図的に失敗すると良いのでしょう。わざと間違えることは、科学では普通に行われています。十七世紀からの科学の進展は、意図的な失敗に支えられてきたと言っても過言ではありません。意図的な失敗があるから、仮説が検証できるのです。少し抽象的になりますが、大切なので丁寧に見ていきましょう。

一つ仮説を考えてみましょう。仮説は何でも構わないのですが、ここでは「顧客は価格の低下よりも、品質の向上を求めている」というものを考えてみましょう。この仮説は、どのように検証すれば良いでしょうか。「顧客に聞けば良い」と考えて、顧客アンケートを行う場合も多いのではないでしょうか。

アンケートやインタビューに応じてくれる親切な人もいるでしょう。何か特典があるから答えてくれる人もいます。しかし、本当のことを答えてくれるかは分かりません。ウソをつくということではありません。言うこととやることが異なることはよくあります。妻に「いつ机を片付けるのか」と問われると、私は「今やろうと思っていたところだ」と十分な意欲だけはいつも表明します。このように、人が言うことはあてになりません。

アンケートでは購買意欲を聞けば、「興味がある」とか「買いたい」と答えてくれるかもしれませんが、実際に買ってくれるかどうかは別です。言葉より行動で判断したいところです。

科学では、仮説の検証は二つの方向でなされます。第一は、自分の仮説が正しいかどうかの検証です。そのためには、まずは、品質を向上させた場合に、顧客がどれだけの価格を支払ったのかを知りたいところです。皆さんの会社の新製品をイメージしてください。新しく機能を追加した自信をもって出す差別化品です。これまでの製品よりも高いのですが、多くの人がそれを買ってくれたとしましょう。成功です。

このようなケースがあると、「顧客は品質の向上を求めている」と言えそうです。特に、大きなヒット商品になった場合には、「やっぱり、品質が大切」ということになります。これは多くの組織で行われている学習です。

ただ、これだけでは十分ではありません。十分ではないどころか、組織の固定観念につながってしまう可能性すらあります。帰無《きむ》仮説を検討しなくてはいけません。帰無仮説とは、自分の仮説には効果や差がない、あるいはある関連性が存在しないという仮説です。つまり、品質を向上させても、顧客の支払額には影響がないという仮説であり、自分の仮説が間違っている可能性を検証するためのものです。

この検証のためには、品質を向上させていない場合（あるいは品質を落とした場合）に、顧客がどれだけの価格を支払ったのかのデータが必要です。わざと品質向上をしない、あるいはわざと品質を落とす、つまり、意図的に間違えることによって、帰無仮説が検証できるのです。これにより、品質向上をした場合と、しなかった場合を比較できるようになるのです。

このプロセスがなければ、もしかしたら、品質向上の効果は本当はないのにもかかわらず、ずっと「品質向上が当然」と信じ込んでしまうかもしれません。

第二の方向は、対抗仮説を検証するものです。対抗仮説とは、自分の仮説と同時に成立しうる異なる仮説のことです。顧客は品質向上よりもアフターサービスを望んでいるかもしれません。あるいは、コスト・パフォーマンスを重視しているかもしれません。これらも同時に検証したいところです。

これらの検証のときも、それぞれ帰無仮説は必要です。つまり、アフターサービスを充実させたときと、させなかったとき、あるいはコスト・パフォーマンスを向上させたときと、させなかったとき、それぞれ観察することが必要です。ここでも、意図的に間違えることが必要になります。

試行錯誤と言っても、メチャクチャやれば良いわけではないのです。自分の仮説を検証するための試行錯誤を通じた失敗（帰無仮説の検証）こそが、学習を促進するのです。意図的に間違えることは、大々的に行う必要はありません。仮説の検証のためのデータがとれれば良いのです。スモール・スケールでの実験ととらえることもできます。

(7) 新しい知識が次の新しい知識を生み出す

知識は次の新しい知識のインプットになるという性質もあります。例えば、知識の一部は論文や特許といったかたちで広く社会に公開されます。その知識に立脚して、次の新しい知識がつくられるのです。

論文や特許だけでなく、優れた製品やサービスであれば、ライバル企業たちはすぐにリバース・エンジニアリングによって分解し、分析、学習し、自社のビジネスに取り込もうとします。もしも、皆さんの会社がそのようなことをしていなければ、急いで企業の外で生み出されている新しい知識を学んでください。

知識は、前述のように多くの人が同時に使ったとしても目減りしません。多くの知識が生み出されれば、それをもとにして次の新しい知識がつくり出されます。これは知識のスピルオーバー効果と呼ばれています。

知識へ投資を進めていくと、次々と新しい機会が見出されていきます。新しく生み出された知識が、後続の研究開発や新しいビジネス・チャンスの創出にとっての重要なインプットになるからです。そのために、その投資から得られる収穫は逓減せず、むしろ徐々に増えていくのです。つまり、イノベーションが次のイノベーションを生むのです。

思えば、イノベーションを生み出すインセンティブは大きくなります。高い参入障壁は、企業の利益率を上げてくれるからです。

反対に、新しいモノゴトを生み出したとしても、参入障壁が上げられない（誰でもすぐに模倣されてしまう）と思えば、イノベーションのインセンティブは小さくなります。

生産者余剰がしっかりと上げられるのかについての見込みは、企業にとっては大切です。新しいモノゴトを生み出したとしても、消費者余剰だけが大きくなり、生産者余剰が上げられないと思えば、企業はそのようなイノベーションを生み出すための投資は行いません。

三つ目は、独占的な利潤を獲得してからのものです。独占的な企業は、独占的な価格を設定することができます。わざわざ失敗するかもしれない新しいチャレンジをして、イノベーションを生み出そうというインセンティブがありません。独占企業がイノベーションを生み出すことは期待できません。そのまま自分の既存のやり方を続ける方が得だからです。

もちろん、独占的な企業でも、いつまでもそのビジネスが続くとは限りません。自社のビジネスがなくなっていくことが予想される場合には（つまり、一つ目の経路に戻ることになります）、新しいビジネス構築のインセンティブが出てきます。

皆さんの会社がイノベーションを生み出していないとすれば、競争の状況を考えてみてください。もしも、三つ目の経路のように、既に独占的な利潤を獲得している場合には、イノベーションを生み出すために投資をするインセンティブはそれほどありません。もしも、「頑張っているのだけど、ちっとも儲からない」というのであれば、一つ目の経路にのっているのかもしれません。

COFFEE BREAK

競争とイノベーション

イノベーションには、競争の状況は見逃せません。イノベーションを生み出すための投資のインセンティブに影響します。影響の経路は大きく三つあります。

一つ目は、競争が激しい場合には、イノベーションの生成は活発になるという経路です。競争が激しいと、イノベーションを生み出すインセンティブが高くなります。イノベーションを生み出さなければ、ライバル企業がイノベーションを生み出し、自社の競争力がなくなってしまうからです。言い方を換えると、競争淘汰の圧力が大きい場合には、イノベーションが生み出されることが期待できます。

ただし、競争が激しいと（特に同質的な競争の場合）、良いモノが安くなります。そのため、その経済的な価値は、生産者余剰ではなく、消費者余剰が大きくなる傾向があります。

また、あまりに競争が激しいと、イノベーションのインセンティブは減衰してしまいます。新しいモノゴトを生み出して経済的な価値を生み出せたとしても、すぐにライバル企業が現れ激しい競争になり、経済的な価値も霧消してしまうと人々が予期すれば、わざわざイノベーションを生み出そうとは考えません。むしろ撤退を考えます。

そこで二つ目の経路の登場です。それは、イノベーションを生み出せれば、事後的に独占的な利潤獲得が期待できる場合に、イノベーションの生成は活発になるという経路です。現在の競争が激しかったとしても、自社がイノベーションを生み出せばそこから独占的な利潤を期待でき、イノベーションを生み出すインセンティブが高くなります。

例えば、新しいモノゴトを生み出し、参入障壁を高くできると

第2章

イノベーションにはパターンがある

イノベーションのケースを見てみると、偶然の要素が必ず出てきます。たまたま、ある人物に出会ったり、ある場所に居合わせたり、実験のプロセスを間違えてしまったりです。このことからやっぱり「運」も大切だと考える人も多いかもしれません。

ただ、一つひとつのケースを見ると偶然が重要な要素に見えるのですが、多くのケースを集めてみるとそこには経験的な規則性が見られるのです。一見すると偶然の出来事のようにも見えるけれど、俯瞰するとそこに規則性が見えるものは多くあります。

交通事故はその典型です。それぞれの事故はたまたまが重なって起こってしまうのですが、それを集めてみると薄暮時間帯に事故が多かったり、事故をおこした人は若年層が多かったりするのです。規則性があるということは、そこには何らかの要因が影響を与えていると考えることができます。

イノベーションにもパターンがあります。パターンが分かれば、それを戦略的に利用することもできるはずです。ここでは三つの代表的なパターンを見ていきましょう。

1　新しさがなくなるように見える理由

(1)　二つのイノベーションの規則性

「画期的な製品を出していた企業も、最近はなんだか同じようなものばかり……」と感じることはないでしょうか。新しいものが生み出されなくなっているのではという疑問です。

イノベーションを二つに分けて考えましょう。一つ目は、製品やサービスそのものを革新するものです。これはプロダクト・イノベーションと呼ばれます。もう一つは、製品やサービスを生産する工程の革新です。これはプロセス・イノベーションと呼ばれています。

最初に観察されたイノベーションのパターンは、このプロダクト・イノベーションとプロセス・イノベーションについてのものです〈アバナシーとアターバックが最初に見つけたためA－Uモデルとも呼ばれています。Utterback and Abernathy (1975)〉。それぞれが生み出されるのには規則性があるのです。図表2－1はこの二つのイノベーションの関係を示したものです。

初期の段階にはプロダクト・イノベーションが多く生み出されます。新しい製品やサービスが最初に登場した段階では、まだ製品がそもそもどのようなものなのかについての理解が

**図表 2-1　プロダクト・イノベーションと
プロセス・イノベーションの推移**

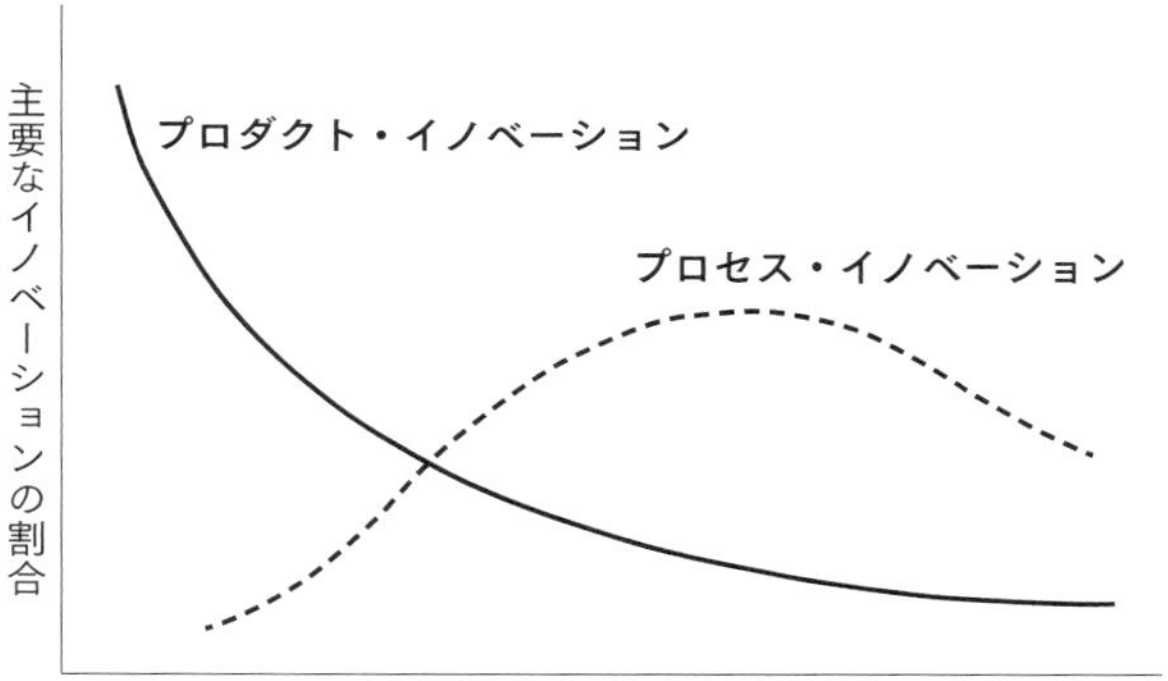

［出所］ 清水（2022 b）p.48

あやふやです。消費者側も生産者側も手探りです。それぞれが、新しい製品やサービスについてさまざまな解釈をします。

企業はいろいろな製品やサービスを試します。消費者としては、「次々と新しいモノが出てくる」と感じる段階です。企業は、さまざまな製品やサービスを試していくわけですから、当然、それを製造する工程にこの段階で大きな投資をするのはあまり合理的ではありません。自社が投資した製造プロセスから生み出される製品とは異なる製品やサービスが、市場で支配的になってしまうかもしれません。その場合、製造プロセスへの投資は無駄になってしまいます。だからこそ、初期の段階では、企業はプロダクト・イノベーションに注力し、プロセスのイノベーションが少ないのです。

初期の段階では、多様な新しい製品やサービスが生み出されてきます。しかしながら、それはいつまでもは続きません。徐々に、解釈の多義性が減ってきます。製品やサービスに対しての理解が、消費者側にも生産者側にも共有されてきます。製品やサービスの機能や特性、価格などの共有理解が進むと、徐々に、同じような製品やサービスが増えていきます。支配的な製品やサービスの設計が現れてきます。これは、ドミナント・デザインと呼ばれています。

ドミナント・デザインが成立すると、プロダクト・イノベーションの割合が減り、プロセス・イノベーションが増えてきます。多くの企業がドミナント・デザインに沿った製品やサービスをつくりだします。企業は差別化した製品やサービスをつくろうとはするでしょう。しかし、その新規性の程度は小さく、ドミナント・デザインに沿ったものが多くなります。

競争の焦点が、それをいかに安価に生産するかに変わっていきます。そのため、プロセスのイノベーションが多くなります。「最近、あまり新しいモノが出てこない」と消費者が感じ始めるのもこのころからです。

プロセスのイノベーションもいつまでもは続きません。コストダウンの競争になっていきますから、規模の経済性が効くような産業の場合は、企業はできるだけ大規模な生産をしようとします。せっかく大型の設備投資をしたのだから、改良だからといって頻繁に設備を組み替えていてはなかなか投資も回収できません。そのため、生産設備も固定化されて、工程のイノベーションも起きにくくなります。抜本的な工程のイノベーションのみならず、小さな変更でもやりにくくなっていきます。

このようなプロダクト・イノベーションとプロセス・イノベーションの規則性は、さまざまな産業で観察されています。これが第1章でもふれた生産性のジレンマです。

(2) いつ儲かるのか

プロダクト・イノベーションの段階からプロセス・イノベーションへの段階への移行を見てきました。ドミナント・デザインが成立すると、この移行が進みます。この移行の際に、産業構造にも規則的な変化が起こります。ドミナント・デザインが成立すると、シェイクアウトと呼ばれる現象が起こります。図表2−2はシェイクアウトを示したものです。縦軸は特定の産業の企業数の推移を示しています。横軸は時間です。

まず、産業の揺籃《ようらん》期から成長期にかけて、企業の数が増えます。新規参入企業の数が増え

図表 2-2　企業数の推移

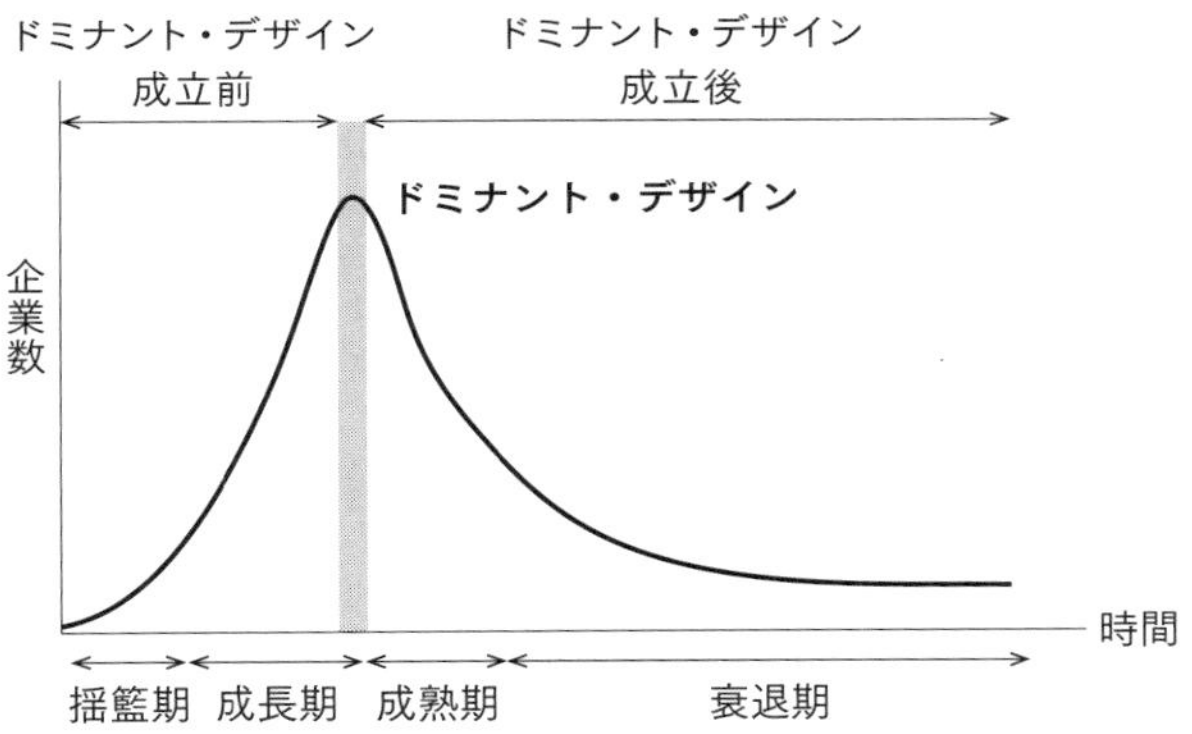

［出所］ 清水（2022 b）p.285

ていくのです。ドミナント・デザインが成立する直前に企業の数はピークに達します。企業は多様な製品やサービスを試します。そして、ドミナント・デザインが成立すると企業の数は減り始めます。ドミナント・デザインは、他のデザインを陳腐化させるわけです。

新規参入企業の数は減り、市場から撤退する企業の数が増えます。企業数の増加からの急激な現象が、シェイクアウトと呼ばれているものです。そして、イノベーションの中心は、プロダクトからプロセスへと移ってきます。

このようなシェイクアウトは実際に起こっているのかと思う方もいらっしゃるでしょう。もちろん、すべての国、時代、産業を調べたわけではありませんから、例外はあるかもしれません。しかし、タイプライターや自動車、テレビ、真空管、トランジスタ、集積回路、電卓、タイヤ、ペニシリン、日本でも自動二輪など多くの産業で観察されています〈Yamamura, et al. (2005), Klepper and Simons (2005), Utterback and Suárez (1993) などを参照してください〉。

この規則性は、ビジネスの収益化のタイミングに影響を与えます。企業はどの段階で儲かるのでしょうか。もちろん、揺籃期や成長期では儲かりません。成長期には売り上げは拡大していくでしょう。しかし、利益はそれほど出せません。もう少し正確に言えば、営業キャッシュフローはプラスになる（本業のビジネスで稼いだ現金が増える）かもしれませんが、投資キャッシュフローはマイナスになります（投資で社外に出ていく現金が増える）。自社の製品やサービスをドミナント・デザインにするための投資が重要な段階なのです。

利益が出るのは、成熟期から衰退期にかけてです。ここでは、企業の数が減少していきます。生き残る企業はその過程で、規模を拡大させていきます。寡占化が進み、競争の程度が徐々に緩やかになっていきます。投資やそのための資金調達もそれほど必要なくなります。そしてフリー・キャッシュフロー（最終的に企業の手元に残る現金）がプラスになるのです。そして、そこで競争力を獲得した企業は、独占的な利益を獲得できるようになります。これは、残存者利益です。

図表 2-3　企業の退出が少なかった場合

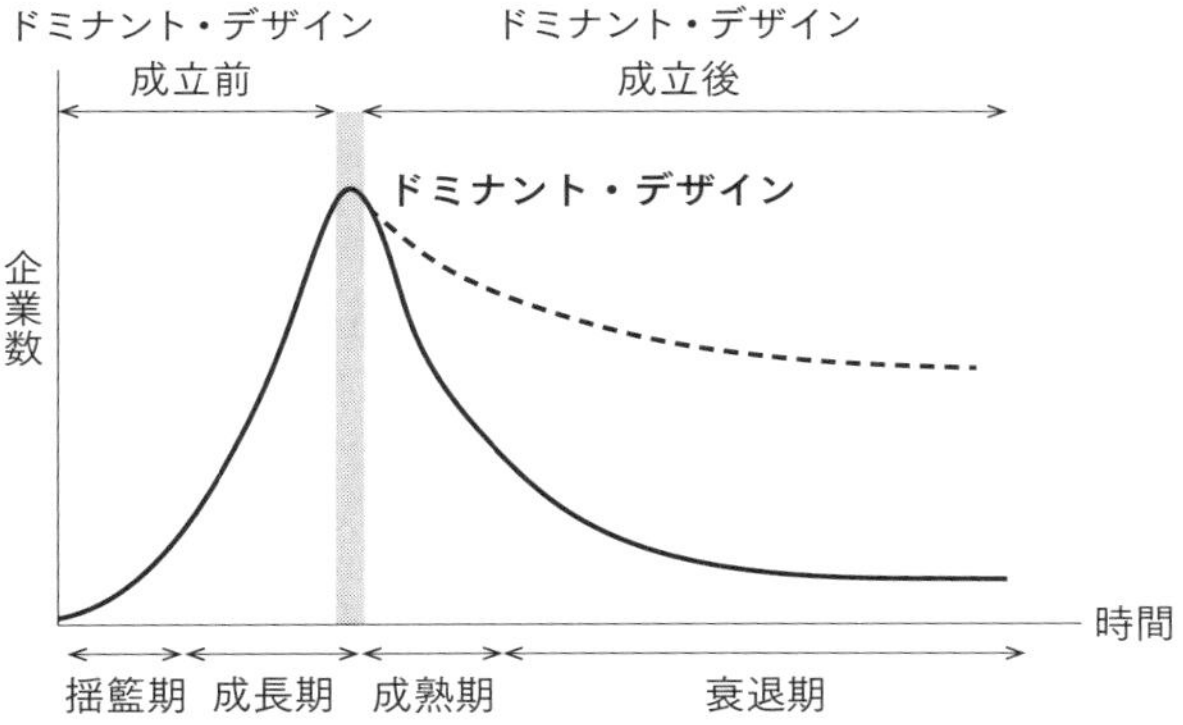

［出所］　清水（2022 b）p.285 を参考に筆者作成

つまり、プロダクト・イノベーションの段階ではなく、プロセス・イノベーション中心の段階に入ってはじめて企業は経済的な価値を獲得し始めるとも言えます。ということは、企業はここの段階まで頑張って生き残るか、自社に不利なドミナント・デザインが成立してしまった時点で早めにビジネスを売却し、撤退することが重要です。

ただ、困ったことが一つあります。企業が儲かるのは、多くの企業が速やかに撤退するからです。企業を保護する政策がとられたり、撤退の障壁が高かったりした場合には、スムーズな退出ができません。雇用の保護を強くすることも企業の撤退障壁を高めます。その場合、図表2－3の破線のように企業の数の減少は緩やかになります。こうなると企業は経済的な価値を獲得しにくくなります。しかも、この段階ではドミナント・デザインを前提としたプロセス・イノベーション中心の競争です。いつまでも同質的な競争が続くと、企業が経済的な価値を獲得するのが難しくなってしまいます。

2　リーダー企業が競争力を失う理由

二つ目のパターンは、誰がイノベーションを生み出すのかについてです。ここではそのパターンを見ていきますが、その前に技術のS字カーブと言われているものを考えてみましょう。S字カーブから考えることで、イノベーションの担い手についてのパターンもよく分かるのです。

(1)　S字カーブと脱成熟

あるドミナント・デザインが成立すると、そのプロセスのイノベーションが積み重ねられていきます。そこで、生産性が向上していきます。しかし、いつまでも生産性の向上が続くわけではありません。次第に、経営資源の投入量に対して、得られる成果は逓減していきます。

図表 2-4　S 字カーブ

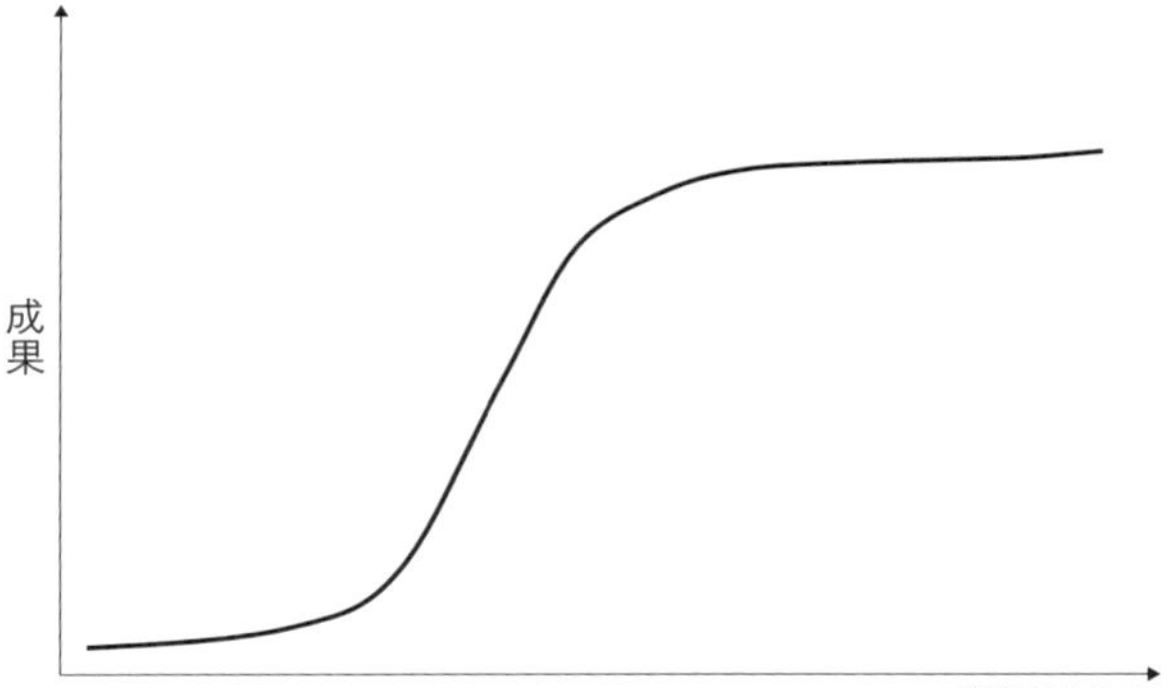

［出所］ 清水（2022 b）p.58

これを整理すると図表２－４のようになります。これは技術のＳ字カーブと呼ばれているものです。

縦軸は技術的な成熟の程度を表し、横軸は経営資源の累積投入量を示しています。萌芽段階では資源を投入しても思うような成果が得られません。何をすればどのような成果が得られるのかも分からない手探りの段階です。

しかし、資源投入が蓄積し、理解が進んでくると、パズルのピースが埋まってくるときのように成果が加速度的に得られるようになってきます。いわゆる成長期です。萌芽段階から成長期にかけて、グッと成果を上げてくれるのが、累積的なイノベーションです。累積的なイノベーションは地味ですが、これがあるからこそ、ある技術や製品、サービスは成熟していき、「使える」ものになっていくのです。ただ、徐々に得られる成果も逓減してきます。乾いたぞうきんを絞るのと同じ状態になってくるのです。

成熟してきたときにこそ、既存のモノゴトの延長線上にはないラディカル・イノベーションの出番です。既存の技術や製品、サービスの累積的な改善ではなく、そこから非連続的なイノベーションが求められるのです。そして、成熟した既存のモノゴトを破壊するようなラディカル・イノベーションが生まれてくるのです。これは脱成熟と呼ばれています。

脱成熟はそれほど頻繁に起こる現象ではないのですが、イノベーションのパターンや企業の競争力にとって大切な出来事です。

(2) イノベーションの担い手

既存のモノゴトを破壊する程度が高いラディカルなイノベーションと、既存のモノゴトを累積的に改良していくインクリメンタルなイノベーションでは、生み出す組織が違うことが分かっています〈詳しく知りたい方は、Tushman and Anderson（1986）, Christensen（1993）などが代表的な研究ですので、そちらをご覧ください〉。

既存のモノゴトを破壊するイノベーションは新規参入企業から、既存のモノゴトを改良するイノベーションは既存企業から生み出される傾向が見られています。

なぜ、新規参入企業から既存のモノゴトを破壊するイノベーションは生み出されやすいのでしょう。これには大きく二つの理由があります。第一は、既存企業の投資効率上の理由です。いわゆるイノベーションのジレンマと呼ばれるものです。どこかで耳にしたことがある方も多いとは思いますが、大切なので丁寧に見ていきましょう。

新規参入企業のイノベーションによって、既存のリーダー企業の競争力が破壊されることがしばしばあります。なぜ、既存企業は破壊的なイノベーションを生み出せないのでしょう。なぜ、新規参入企業に競争優位性を破壊されてしまうのでしょう。

既存企業がラディカルなイノベーションを生み出せないのは、リーダー企業としての慢心や組織の官僚化などが理由として考えられることがよくあります。しかし、それは、リーダー企業が「間抜け」だったからと言っているようなものです。確かに、そのような場合もあるかもしれませんが、間抜けな企業はそこまで多くはないでしょう。実際は、「分かっちゃいるけどやめられない」のです。

既存企業は、競争に生き残っている企業です。そのなかでもリーダー企業は、既存のビジネスを最もうまく構築してきた企業です。そのような企業にとっては、これまで自分が構築してきた強みを前提としたビジネスに投資する方が、新しく生み出されたアイディアに投資をするよりも、期待収益率が高いのです。

図表2－5を見てください。実線のS字カーブ(a)は、既存企業がそれまでに構築してきたビジネスの基礎となる技術を示しています。既存のリーダー企業は、このS字カーブ上で最もうまくビジネスを構築してきた企業です。この図の破線（(b)と(c)）は、この技術を代替するかもしれない技術です。この大きな破線(b)のように技術が進歩すると、ある時点で既存の実線のS字カーブを成果で追い越します。これによって、既存の技術が新しい技術に取って代わられるのです。

なぜ、リーダー企業はもっと早い段階で破線の新しい技術に転換できないのでしょうか。新しい技術が生み出された段階（矢印で示した時点）では、既存の技術に比べてまだまだ未熟なものなのです。成熟した技術(a)と比べると、おもちゃのようなものです。さらに、矢印の時点では、この新しい技術のS字カーブが破線(c)で描かれているようにすぐに収束してしまうものなのか、既存のモノを凌ぐようなもの(b)になるのかは分からないのです。

実際には、新しく生み出された技術は(c)の破線のようにすぐに収束してしまうものがほとんどです。うまくいかないことが多いおもちゃのような新しい技術に投資をするよりも、既

図表 2-5　S 字カーブと脱成熟

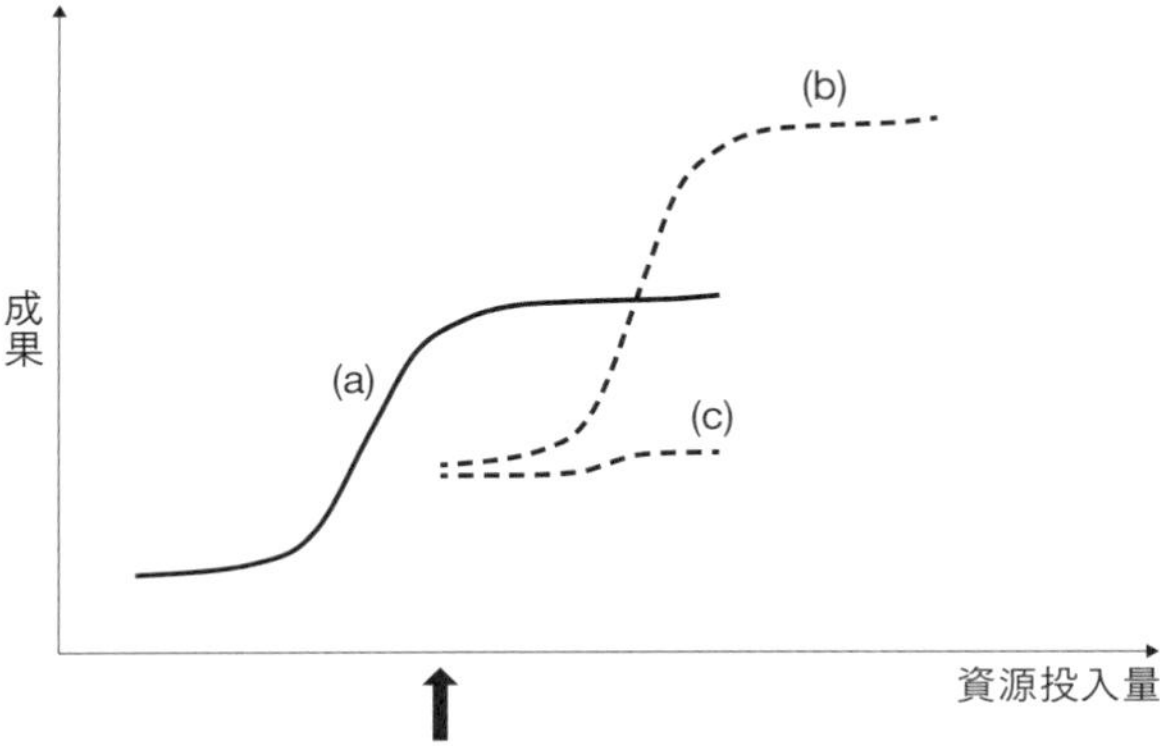

［出所］　清水（2022 b）p.61 を参考に筆者作成

存のビジネスを構築しているこれまでのやり方を磨くために投資をする方が、リーダー企業は高い収益性が期待できるのです。つまり、企業の経営者が合理的である（期待収益の高い方に投資をする）からこそ、破壊的なイノベーションに投資しないのです。

二つ目は、新規参入を試みる企業の競争戦略上の理由です。新規参入を試みる企業は、既存企業と同じようなことをやっていては、競争で負けてしまいます。既存企業とは異なる土俵で競争する必要があります。既存企業の競争優位を陳腐化させるような新しいモノゴトを生み出そうとしたり、既存企業と直接競合しないようなビジネスを構築することが、新規参入を試みる企業にとっては競争戦略上重要です。

違う言い方をすると、既存企業の競争優位を破壊するイノベーションをもって参入することで新規参入はうまくいくのです。新しい技術に対する投資が新規参入企業を中心になされていくにしたがって、パフォーマンスが向上し、あるところで既存の技術をその性能で追い越す場合があるのです。これが、リーダー企業の製品やサービスを代替するのです。

ここで一度整理しておきましょう。イノベーションを既存のモノゴトを破壊するものと、既存のモノゴトを前提としてそれを改良するものに分けた場合、前者は新規参入企業から、そして後者は既存企業から生み出される傾向があります。つまり、既存企業が破壊的なイノベーションを生み出そうとするのは難しいですし、新規参入者が累積的なイノベーションで勝負するのも合理的ではないのです。

最後に、一つ注意点があります。既存企業が破壊的なイノベーションを生み出せないというわけではありません。既存企業であったとしても、新しいビジネスに新規参入することがあります。そのような場合には、既にそこでビジネスをしている企業の競争力を陳腐化するようなイノベーションをもって参入することが、競争戦略上大切になります。

つまり、新規参入企業というのは常に新しい企業というわけではありません。古い、いや、もう少し良い言い方をすると、伝統のある企業でも新しいビジネスに参入する場合には、新規参入企業ということになるのです。

3　いつも同じマーケティングではダメな理由

(1) イノベーション普及の推移

皆さんは、新しいモノゴトが出てきたときに積極的に取り入れる方でしょうか。慎重に見極めたい方でしょうか。これまでのパターンは、イノベーションの生成についてのものでした。三つ目のパターンは、イノベーションの普及についてです。優れた新しいモノゴトを生み出せれば、自然と社会に浸透していきそうなものですが、実際はそうでもないのです。

図表2－6は、イノベーションの普及率の推移を表したものです。縦軸はイノベーションの普及率、横軸は時間を表しています。実線は普及の推移、破線はそれを累積で表したもので、最終的に採用した人を百としたときの値を示しています。

破線から見ていきましょう。初期段階ではそれほど普及は進まないのですが、あるポイントを越えると加速度的に普及します。そして、徐々にスピードは遅くなり、社会への浸透が終わります。

図表 2-6　イノベーションの普及

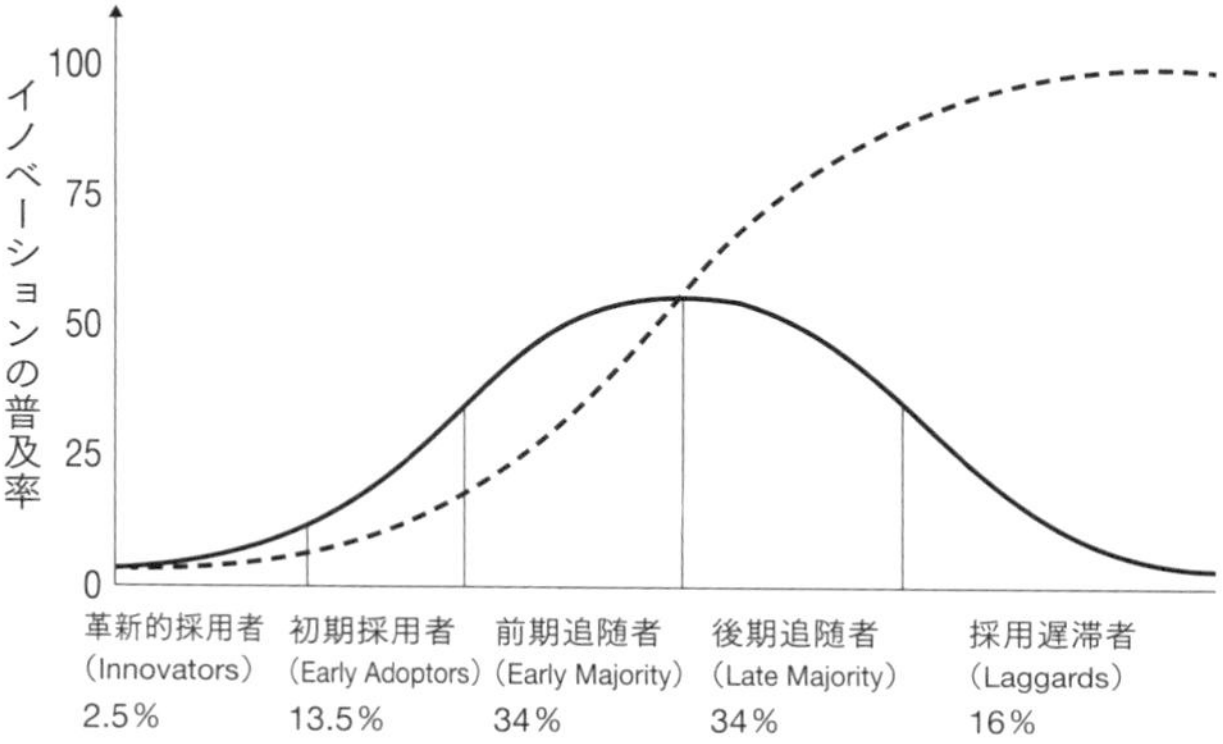

［出所］ Rogers（2003）, p.281 を参考に筆者作成

実線部分は、時期ごとにどのくらいの頻度で採用者が現れてくるかを示しています。そして、採用者はその採用の時期により五つに分けられます。

最初に採用するのは、新しいモノゴトが大好きな人たちです。そのような人は、イノベーター（革新的採用者）と呼ばれています。

新規性の高いものは、そもそも期待していたようなものでなかったり、使い物にならなかったりするかもしれません。少し待てば、もっと良いものが安く手に入るかもしれません。しかし、革新的採用者たちは、そのようなことはあまり気にしません。むしろ、お構いなしです。

なぜなら、このような人たちにとって、採用を決める大きなポイントは、「新しい」からなのです。他の人よりも早く採用することが大切なポイントです。他の人たちよりもいち早く新しいモノを採用して「ドヤ顔」をしたい人もいるでしょうし、新しいモノゴトをライバル企業に先駆けて導入することで競争優位を構築したいと考えるマネージャーもいるでしょう。

続いて採用を決めるのは、アーリー・アダプター（初期採用者）です。この人たちは、最先端であるということよりも、その新しい製品やサービスが実際に良いものかどうかを見極めたうえで、できるだけ早くにそれを採用しようと考えている人たちです。

この次に採用するのは、アーリー・マジョリティ（前期追随者）と呼べる人たちです。最先端であることはあまり好まない人たちです。リスクは取りたくない人たちだとも言えます。

また、この頃になるとそのイノベーションを採用している人も増えてくるので、評判も分かってきます。不確実性もなくなってくるので、人々はコスト・パフォーマンスを勘案して採用を決めるようになります。

レイト・マジョリティ（後期追随者）と呼ばれている人たちが、アーリー・マジョリティに続いて採用を決めていきます。いわば、「みんなが使ってるのだから……」と採用を決める人たちです。多くの人たちが使っている良い製品や良いサービスであれば、自分も使いたいけれども、そうでなければ採用を見送ります。

最後に来るのは、ラガード（採用遅滞者）と呼ばれる人たちです。「新しい」ということにはなびかず、保守的です。慎重にコスト・パフォーマンスを見極めたい人たちです。既に多くの人たちが採用しているので、導入しようとしているものが良いものなのかについての情報は多くなっていますし、価格も下がっていることが多いでしょう。他の人たちがメッセンジャー・アプリを使っているから、自分も使わないと不便になり渋々導入する人や、子どもに無理やりスマートスピーカーを導入される高齢者といった人たちがラガードの典型です。

(2) 異なるアプローチの必要性

このように普及の段階によって、採用する人たちの特徴が違っています。当たり前ですが、異なる特徴を持つ人に、同じアプローチをしていてはダメです。

新しもの好きの革新的採用者には、兎にも角にも新しさを訴求したいところです。「まだ誰も使っている人はおらず、あなたが一番最初ですよ」というのが大切なポイントです。「え？それ何⁉」と採用した人たちが聞かれるような状況をつくってあげることが重要です。

ただ、このような新しもの好きの人たちは、自分たちが最初に採用したものが広く社会に普及していくにつれて、興味関心を失っていくことには注意が必要です。

アーリー・アダプターは、新しい製品やサービスの評価を積極的に広めてくれます。特に、アーリー・マジョリティやレイト・マジョリティの人たちは、アーリー・アダプターの評価を特に気にしています。だからこそ、企業が自社の新製品やサービスを広めたいと思うならば、この人たちに気に入ってもらうこと、うまく情報を広めてもらうことは重要です。

ただし、注意も必要です。アーリー・アダプターに気に入ってもらおうと、企業がこれからリリースする新しい製品やサービスについて誇大に宣伝することがあります。当然、アーリー・アダプターたちの期待も「すごいものがやってきそうだ！」と膨らみます。しかし、評価が過大であると、新製品やサービスがリリースされてから、その評価は行きすぎていたことが明らかになります。アーリー・アダプターに期待はずれだったと思われてしまうと、普及が一気に止まってしまいます。アーリー・アダプターの影響力は強いのです。

アーリー・マジョリティやレイト・マジョリティの人たちは、アーリー・アダプターの意見を聞き、新しい製品やサービスを見極めます。そのため、アーリー・アダプターの評価がきちんと届くようにチャネルをつくることが大切です。また、レイト・マジョリティは、「他の人たちは使っていますよ」という言葉に大きく安心します。新規性を大きく打ち出すというよりもコスト・パフォーマンスの良さを訴求することが重要です。

が少なくて済むような）イノベーションが多く生み出されました。飛杼《とびひ》や自動織機は布を織るのに必要な人員を大幅に削減するものでしたし、紡績機でも人手を少なくするようなイノベーションが相次ぎました。

なぜ、労働節約的なイノベーションが次々と生み出されたのでしょう。それは、当時のイギリスでは資本（カネです）に対する人件費の割合が高かったからです。工場の社長の立場で考えてみてください。資本に対する人件費の割合が高くなっている場合には、資本を投じて（投資をして）、人手を減らす機械を導入する方が儲かるわけです。

これに対して、資本に対する人件費の割合が低かったのは、インドです。インドの工場の経営者は、高いコストをかけて資本を調達して機械を導入するよりも、安い人件費を活かして、大量の労働者を集めて生産する方が儲かるのです。人件費の安いインドの労働力を使った綿の方が品質もよく価格も安かったのですが、徐々にイギリスの工場の機械に改良が加えられ、最終的にはイギリスの綿がインドを品質面でも価格面でも凌駕するようになりました。

日本では優れた省エネ技術が多く生み出されてきました。これは、日本人の間に「もったいない」精神が浸透しているからだと考える人もいるかもしれません。しかし、エネルギー以外にももったいないものはたくさんあります。

省エネが日本で進んだ理由は、日本ではエネルギー価格が相対的に高かったからです。だからこそ、それを抑えるような製品やサービス、あるいは技術を生み出せれば、儲かるという状況があったのです。次にイノベーションが生み出されそうな領域を予想するには、生産要素のなかでどの価格が相対的に高くなりそうかを考えてみてください。

COFFEE BREAK

イノベーションが起こる領域を予測する

イノベーションは予測できるのでしょうか。イノベーションが予測できれば、自分で大きなヒットを生み出せるかもしれませんし、先回りして投資できるかもしれません。

累積的なイノベーションについては、予測はある程度できます。本章で見たようにS字カーブ上にイノベーションは生み出されています。ということは、S字カーブが描き出され始めると、おおよそどこでイノベーションが生まれるかは予想がつくということになります。

ただ、本当に知りたいのは、その後にS字カーブを形づくるようなラディカルなイノベーションが次にどこで生まれるのかでしょう。これをいち早く知れれば、自分が大きなヒットを生み出せるかもしれません。自社の競争力の源泉を破壊してしまうようなものをいち早く察知できれば、何とか対応ができるかもしれません。

残念ながら、次にどのようなラディカルなイノベーションが起こるのかを予測することはS字カーブではできません。ただ、具体的にどのようなイノベーションが起こるのかを予測することはできないのですが、どの領域でそれが起こるのかをある程度は予測することはできます。

少し堅苦しい言い方になってしまうのですが、イノベーションの生成には、生産要素の相対的な価格変動が影響しています。生産要素が相対的に高くなったところで、イノベーションは生み出される傾向があるのです。

もう少し噛み砕いてみましょう。生産要素とは、企業が製品やサービスを生み出すときに必要となるモノゴトです。土地や原材料、あるいは人件費や資本などです。これらの価格はそれぞれ高くなったり、安くなったり変動します。そして、相対的な価格が高くなったところがチャンスです。

産業革命期のイギリスでは、労働力を節約するような（労働力ラガードたちは、保守的です。「なくても困らない」と思えば、採用してくれません。そのため、その製品やサービスの品質や価格も大切ですが、「ないと困りますよ」と訴求したいところです。

また、イノベーターやアーリー・アダプターにとって「新しい」という訴求点が採用に結びつくのですが、ラガードにとってはむしろ「新しい」というのは避けたいことなのです。新しいかどうかはどうでも良いのです。あるいは、「新しもの好きの人」とは見られたくないと思っている人たちも多いのです。だからこそ、ラガードに、「新製品です！」と新しさを訴求するマーケティングをするとむしろ逆効果です。

ここに難しさがあります。企業はすべての顧客に訴求するマーケティングの能力を構築することはできません。企業は自社の新しい製品やサービスをできるだけ普及させたいのですが、その普及のための訴求点やそれを打ち出すマーケティングの戦略やそれに必要な組織の能力は普及のステージによって異なっているからです。

新規性を強く打ち出すマーケティングを常にしていては、レイト・マジョリティやラガードへの訴求は難しくなります。コスト・パフォーマンスを常に訴求していると、革新的採用者やアーリー・アダプターに対してはうまくアプローチすることができません。

第3章

あなたの組織は新しさを生み出すのは得意ですか

「配られたカードで勝負するっきゃないのさ、それがどういう意味であれ」とスヌーピーも言うように、無いものねだりをしてもしかたがありません。経営資源には限りがあります。これはどこの企業も同じです。どのような経営資源に恵まれ、どのようなものには恵まれていないのかを理解したうえで戦略を立てるのは、経営の基本です。

どのような組織が新しさを生み出しやすいのでしょうか。新しいモノゴトをつくるのは、人です。だからこそ、創造性やアントレプレナーシップの程度が高い人は大切です（人については、第5章で見ていきます）。ただ、一人でできることは限られています。新しいモノゴトは、組織での分業を通じて生み出されます。

「イノベーションを生み出すための最高の組織のつくり方」は、残念ながらありません。前章で見たように、イノベーションにはパターンがあり、それぞれのフェーズでどのような組織が有利なのかが違います。組織のすべてをイノベーションのために柔軟に変えることはできません。

変化させることが難しい特徴もあります。本章では変化させることが難しいけれど、新しいモノゴトを生み出すうえで大きな影響があるポイントを、三つ見ていきましょう。あなたの手持ちのカードはどのようなものでしょうか。

1　企業の規模による得手と不得手

あなたの組織の規模は大きいでしょうか。あるいは小さい組織で働いているのでしょうか。組織の規模から考えてみましょう。

規模の小さい企業がイノベーションのために規模をいきなり大きくしたり、大きな企業がその規模を小さくしたりすることはなかなかできません。だからこそ、自分の組織の規模がイノベーションを生み出すという点での長所や短所を知っておくことは、大切です。

イノベーションを生み出すうえで、企業の規模は大きい方が良いのでしょうか。あるいは小さい規模の方が有利なのでしょうか。当たり前の話ですが、それぞれに有利な点と不利な点があります。

(1)　大きな組織の活かし方

規模の大きな企業の方がイノベーションを生み出すのに有利だという考えがあります。そこから始めましょう。なぜ、規模の大きい企業がイノベーションに有利だというのでしょう。これには大きく二つの有利な点があります。

経営資源へのアクセス

一つ目は、経営資源へのアクセスについてです。何といっても規模の大きな組織は、経営資源が潤沢です。新しいモノゴトを生み出すためには、投資が必要です。また、新しいモノゴトを経済的な価値に転換するためには、効率的な生産設備が必要かもしれませんし、マーケティングもしなければならないでしょう。規模の大きい組織は、必要な経営資源に恵まれているのです。

もちろん、規模の大きな組織であっても、経営資源が無限にあるわけではありません。経営資源には限りがありますし、政府の規制に守られていたり、独占的な企業でない限り競争しています。経営資源はいくらあっても足りないと感じるかもしれません。それでも、経営資源の豊富さには差があります。

社内にある経営資源が豊富だと何が良いのでしょうか。不確実性の高いプロジェクトへの投資の原資を社内から調達することは、社外から調達するのと比べて、コストが安価なのです。

これは、企業の内部にいる経営者と株主など企業の外にいる投資家では、持っている情報が異なっていることが理由です。異なる情報を持っているということは、情報の非対称性と呼ばれています。

経営者の方が自社のビジネスについての情報を投資家より多く持っています。経営者は、社内にどのような経営資源があるのか、今後どのような新しいモノゴトが生み出せそうか、どのようなビジネス機会を開拓できそうかについての情報も持っています。

しかも、そのような情報は、特別な戦略的な理由がありアナウンスをしたり、わざとリークすることもありますが、企業の戦略とも密接に関連していますから、通常は外部への情報漏洩に細心の注意を払っています。

そもそもビジネスに対する見込みも異なっているはずです。外部の投資家は、経営者がどのような見込みを持っているのかを完全に知ることはできません。その点で、限られた情報しかありませんから、投資家にとっては不確実性がより大きくなります。投資家としては大きな不確実性を引き受けるわけですから、合理的な投資家は高いリターンを求めます。ハイリスク・ハイリターンです。企業が新規性の高いビジネスを行おうとしているとすれば、なおさらです。

投資家たちは、高いリターンを要求します。だからこそ、内部留保から投資を行う余裕のある企業の方が有利になります。資本コストが低いのです。資本コストとは、資金調達にかかるコストです。資金を借り入れた場合はそれに対する利息の支払い、株式を発行して資金を調達した場合は配当の支払いなどです。投資家が期待するキャピタル・ゲインを得られるように株価を上げる必要もあります。内部留保から投資を行えれば、資本コストを低く抑えることができます。そのため、期待収益率が一見低いと思われるプロジェクトにも投資をすることができます。より幅の広い探索と試行錯誤を行えるとも言えます。

もちろん、信頼性の高い情報がスムーズに流れ、経営者と投資家の間の情報の非対称性が小さくなれば、有望なプロジェクトには資金が集まります。そのため、規模の小さい企業の経営者であったとしても、低いコストで資金を調達できるでしょう。しかし、投資家と経営者との間の情報の非対称性が大きい場合には、内部留保から投資をできる大規模企業の方が優位性があるということになります。

ここでは、ヒト・モノ・カネの経営資源のなかでも、資金の話をしてきましたが、ヒトやモノでも基本的には同じです。規模の大きな組織であれば、ヒトやモノも豊富です（あくまでも相対的にではありますが）。組織の内部にあるヒト・モノ・カネは、組織の指揮命令系統によって配分されます。市場から調達しようとすると、どうしてもコストが高くなったり、適切なものが必要なタイミングで調達できなかったりします。

つまり、経営資源の調達は、規模の大きな企業の方が有利です。大企業の場合は、特定のプロジェクトに対して、外部の資本市場から資金を調達する必要性はそれほど高くありません。利用可能な経営資源のプールが、相対的に大きいのです。経営資源は、組織のなかのコミュニケーションを通じて配分されるわけです。

投資家とコミュニケーションするよりも、社内でのコミュニケーションの方が普通は情報の非対称性が小さいのです。社内のコミュニケーションに問題があったり、社内の情報の非対称性が大きい規模の大きな企業は、せっかくの利点である経営資源の豊富さを活かせていないということになります。

コスト・スプレディング

新しい知識を生み出すためにはコストがかかります。だからこそ、第1章でもふれたように、優れた知識が生み出された後は、できるだけそれを大規模に、そして多重利用したいところです。この点で、規模の大きな組織は有利です。規模の経済性と範囲の経済性を効かせられるからです。

規模の経済性とは、生産規模の拡大に伴い、平均費用が下がり、生産コストが低下することです。スケール・メリットとも呼ばれています。大規模な生産装置や大きな研究開発投資、マスメディアによる広告など固定費が大きい産業（鉄鋼や石油化学、医薬、半導体などが典型例です）では、規模の経済性は大きくなります。

範囲の経済性とは、経営資源を多重利用することにより、生産コストが小さくなることです。有形（例えば生産設備や流通網など）あるいは無形（ブランドやノウハウなど）の資産を多重利用できれば、製品やサービスの一つあたりのコストを低下させられるのです。

規模の経済性や範囲の経済性を活かせれば、新しい知識を生み出すためのコストを一つの製品やサービスに割り当てたときの配賦分が小さくなります。つまり、コストを安くできるわけです。費用を広く配賦することから、コスト・スプレディングとも呼ばれます。

コスト・スプレディングができれば、コスト面で有利です。違う見方をすると、大きなコスト・スプレディングの見込みがあれば、新しい知識に対してそれだけ大きな投資ができるのです。

ビジネスを大きくするためには、補完的な経営資源（例えば、生産設備や流通網、あるいはブランドや信用の蓄積など）が必要です。そのような経営資源を持ついわゆる大企業は、コスト・スプレディングという点で有利です。その優位性により大企業は、期待収益率が小さいプロジェクトにも投資ができます。コストが小さいので低い収益性でもペイするのです。長期間継続的に研究開発投資をし、大きな成果を生み出した日本企業の例はよく聞くストーリーです。テールを長くする投資はしやすいのです。これは規模の大きな企業の強みです。

ただし、既存の大企業だけに頼っていては、社会的に見ればその企業の強みを陳腐化させるようなプロジェクトへの投資は見込めません。そこで、新規参入企業やスタートアップの役割が重要になってくるのですが、この点は、最後の章で詳しく見ていきましょう。

「それ本当にうまくいくの？」に答えられない

大きな組織が不得手なものも見ていきましょう。イノベーションはタダではできません。ヒト・モノ・カネといった経営資源を動員しなければ動き出しません。経営資源は無限にあるわけではありません。限られた経営資源を、イノベーションを生み出すために振り向ける必要があるのです。ここに難しさがあります。経営資源が比較的豊富な企業でも、組織が大きくなると、経営資源動員の正当性の確保が難しくなります。

今、社内で新しい試みにチャレンジしようとしていると考えてください。取り組もうとしているものの新規性の高さ（どれだけチャレンジングなものか）は、やる前からおおよそ分かります。既存のモノゴトを破壊する抜本的な変革なのか、あるいは既存のモノゴトを前提としたうえでの漸進的な改良なのかは、取り組もうという人たちにはだいたい事前に判断できます。

しかし、その取り組みがどのくらいの経済的な価値を生み出せるのかは、事前には分かりません。もちろん試算します。しかし、それはあくまでも試算です。新しい試みですから、誰もやったことはないのです。経済的な価値は、新しい試みを市場に出して、その結果、はじめて分かるのです。つまり、取り組んでいるモノゴトの新しさの程度は事前に分かるものの、経済的な価値は事後的にしか分からないのです。

社内で新規性の程度の高いプロジェクトを進めようとしたときに、「社長！（部長でも良いのですが）、なぜうまくいくか分からないことに投資するんですか。うちの部門へ投資してください。それに、うちの優秀なエース人材をとっていかれては困ります！」という声が上がってくるのです。「そんな新しいことやって、本当に儲かるのですか？」とか、「実績はあるのですか？」とかいう声も出てきます。実際に声として上がってこなかったとしても、「なぜ？」という雰囲気が組織に生まれてきたりします。

もちろん、リーダーはその投資の意義や経済的な価値を生み出すための戦略を説明するでしょう。しかし、それらはあくまでも試算にもとづく（多くの場合、楽観的な）見込みです。そこに確固たるエビデンスがあるわけではありません。新しい試みですから、当然、実績もありません。そのような状況で限りのある経営資源を動員しなければならないわけですから、その正当性の確保が難しいのです。

組織が大きくなると、組織内での手続きやルールも多くなり、説明しなければならない相手も増えます。そうするとますます、経営資源動員の正当性の確保が難しくなります。

イノベーションには企業家の力が重要だと言われるのは、このためです。カリスマ性のあるリーダーであれば、周囲を説得し、新しい試みに経営資源を動員できるのです。しかし、カリスマ性のあるリーダーの到来に頼っていては、制度としては脆弱です。英雄待望論になってしまいます。

それではどうしたら良いのでしょうか。まずは、企業で意思決定をする人たちのイノベーションについての理解を高めてもらいたいところです。イノベーションにはどういう性質があるのか、どのようなパターンがあるのか、生み出すための組織や戦略などについての基本的な理解があれば、「それ本当にうまくいくの？」という質問自体が出てこないはずです。イノベーションの生成がロングテールであるということを考えれば、その質問自体が新規性の高いイノベーションの芽を摘んでいることも分かります。

(2) 小さな組織だからこそ

新規性の高い知識を生み出すためには試行錯誤の量を増やすことが大切だという点は、第1章で見てきました。だからこそ、経営資源へのアクセスやコスト・スプレディングは重要です。それによって、多くの試行錯誤が可能になるのです。これが規模の大きな組織の有利な点です。規模が大きな組織であれば、ここを活かしたいところです。

規模の小さな組織の短所はここにあると言えます。どうしても、試行錯誤の量が減ってしまうのです。それでは、小さな組織の有利な点はないのでしょうか。もちろんあります。そして、それは規模の大きな組織の弱みでもあります。それは情報のロスが小さいということです。

情報のロスの少なさ

皆さん、新しいアイディアをひらめいたときのことを思い出してください。誰かに説明したでしょうか。説明する前に、自分で試してみたでしょうか。

アイディアの新規性が高ければ高いほど、うまく説明できません。言葉や数式などでうまく表しにくかったりします。「うまく言えないけど～。ほら、そうそう。例えば……」などと要領を得ない説明になりがちです。

さらに、思いがけないひらめきや発見は、予期しているわけではありません。これは、セレンディピティ（素晴らしい偶然）と言われるものです。セレンディピティは予想していなかったものですから、それを追求するためには、当初予定していた計画を変更する必要が出てきます。組織で仕事をしていれば、当然、予定変更の必要性を説明しないといけません。

この説明が難しいのです。そもそも、アイディアの新規性が高いほどそこへの経営資源の動員の正当性の説明が難しいのに、当初の予定まで変更しなければならないとすると、なおさらです。

思いがけない発見やひらめきを追求してみても、うまくいくかどうかは、事前には分かりません。もちろん、ひらめいた人は「絶対うまくいくはず！」と息巻いているかもしれませんが、まわりの人は「何？？？」となっているかもしれません。

もしも、組織が小さく、一人だったとしましょう（一名の場合、組織とは言えないという方もいるかもしれませんが、一名でも会社はつくれます）。この場合は、自分の思った通りにすれば良いので簡単です。組織が大きくなり、分業が進んでくるとそうはいきません。新しいことをやるのに、多くの人にその理由を説明し、説得しなければいけません。新規性が高いチャレンジをしようとすればするほど、その説得が難しいのです。説得しようとすると、アイディアの新規性が低くなり、尖っていたアイディアは丸まっていってしまいます。そうしないと、なかなか説得できないのです。

規模の大きな組織で仕事をする場合、意思決定の階層性はどうしても高くなります。そこではどうしても伝言ゲームのようなものが始まってしまいます。現場での思いがけない発見やひらめきについての重要な情報は、失われていきます。規模の大きな組織では、効率性を上げるために事前の計画が重視されるようになり、セレンディピティはとらえにくくなります。小さな組織では、この情報のロスが少ないのです。

意思決定の速さ

情報のロスが少なければ、新規性の高い意思決定がしやすいだけでなく、意思決定のスピードも速くなります。

意思決定のスピードは、組織の階層が高くなればなるほど遅くなります。重要な意思決定ほど、組織の階層を行ったり来たりするので、遅くなってしまいます。組織の階層の高さは、基本的には組織のメンバーの数と組織が処理する課題の性質によって決まります。

組織のメンバーの数が多ければ、組織の階層は高くなります。これは、人がきちんと監督できる人の数に限りがあるからです。一人のマネージャーが千人の部下の仕事をしっかりと把握し、マネジメントすることは無理でしょう。何人までしっかりとマネジメントできるかは、タスクの性質やメンバーの能力によっても変わります。

ただ、一人がしっかりとマネジメントできる部下の数はおそらく十名程度、せいぜい二十名ほどが限界です。そのため、組織の人数が増えるとどうしても、階層性が高まっていきます。階層を高くすることで、しっかりとしたマネジメントができるのです。だからこそ、規模の小さな組織の階層は低くなります。

階層性の高さは、その組織の仕事にもよります。仕事が定型的なものであり、分業のあり方や問題解決の仕方をあらかじめマニュアルなどで取り決めておける程度が高ければ、組織の階層性を低くすることができます。

例えば、図書館は階層性の低い組織の典型です。図書館の仕事の多くは定型的なものです。だからこそ、仕事のやり方を事前に決めておけますし、例外的な問題が発生する頻度も少ないのです。

反対に、仕事の性質が非定型的で、例外的な課題解決が次から次へと出てくるような場合もあります。そのようなときに階層性を低くしてしまうと、現場がパンクしてしまいます。だからこそ、現場で対応しきれないような課題が出てきたら、一つ上の組織の階層での解決に任せることで、効率的に仕事をしていくことができるのです。

つまり、フラットな組織が良いからといって、仕事の性質を考えずに、階層性を低くすると現場の大混乱を引き起こしてしまいます。この点には注意してください。ただ、組織の階層が高くなると、その分、意思決定に時間がかかります。

意思決定のスピードは、先行者優位性を獲得するうえでもとても大切です。先行者優位性については第6章で詳しく見ていきますが、簡単に言えば、他社よりも早くビジネスを展開することによって、後発企業よりも有利になるポイントがあるのです。先行者優位性をしっかりと構築されてしまうと、後から参入する企業はかなり不利になります。規模の小さい組織は、ここは戦略的に狙いにいきたいところです。

もちろん、先行者優位性はいつでも機能するわけではありません。それでも、意思決定は速いに越したことはありません。意思決定が速ければ、参入のタイミングを戦略的に決められます。意思決定が遅ければ、選択の余地は小さくなります。

ここで一度整理しましょう。規模の大きな組織は、新しいモノゴトを生み出すための経営資源を低いコストで調達できることと、コスト・スプレディングを効かせられるという点で優位性があります。組織にある経営資源に比較的恵まれているからです。規模の大きな組織であれば、試行錯誤の量を増やしやすいので、ここは活かしたいところです。規模の大きな組織なのに試行錯誤の量を絞るのは、有利な点をみすみす捨てるようなものです。

規模の小さな組織は、経営資源の動員という点では相対的に不利です。強みは社内の情報のロスがないことで新規性の高いプロジェクトを進めやすいことと、組織の階層性が低いことによる意思決定のスピードが速いことです。規模の小さい組織は、柔軟に素早い意思決定ができるわけです。だからこそ、戦略的にはそのスピードを活かして、新規性の高い領域で先行者優位性を構築したいところです。小規模の組織なのにもかかわらず、社内のコミュニケーションに問題があったり、意思決定が遅かったりすると困ります。

2　企業の年齢による得手と不得手

人間は年を経るごとに無謀な判断をしなくなったり、カラダが固くなってきたり、体力が落ちてきたりします。組織の年齢もイノベーションへの影響が見られています。

ただ、企業は人とは違います。例えば、企業が百歳になったとしても、そこで働く人たちの年齢も百歳になるわけではありません。企業で働く人たちは、入れ替わっているのです。

それでも、企業の年齢の影響は見られています。

イノベーションのためには、フレッシュな企業の方が良いのでしょうか。数々の荒波を乗り越えてきたベテラン企業の方が有利なのでしょうか。

(1)　新しい企業だからこその新しさ

新しい企業は、新規性の高いイノベーションを生み出す傾向があります。なぜでしょう。

これには大きく二つの理由があります。

一つ目の理由は、前章でも見た、企業の競争戦略上の理由です。設立からの年数が若いということは、ビジネスに新しく参入してからそれほど日がたっていないということです。つまり、新規参入企業ということになります。ビジネスに新規参入する企業は、そこで既にビジネスをしている企業が存在している場合には、その企業との競争に直面します。

既存企業と同じ土俵で競争していては、新規参入企業はなかなか生き残れません。だからこそ、既存企業のビジネスとの差別化を図ります。既存企業のビジネスの強みを陳腐化させるような新規性の高いイノベーションをもって参入する若い企業が生き残り、大きく成長するのです。

もちろん、「既存企業を陳腐化させます！」と息巻いて参入すれば、すぐに既存企業にやられてしまいます。そのため、「補完的なビジネスです」とか「ニッチ市場を狙っています」という顔をして参入することになりますが、既存企業の強みを陳腐化するようなイノベーションは、新規参入企業にとっては競争戦略上とても大切なのです。そうでなければなかなか生き残れないのです。

二つ目の理由は、しがらみの少なさです。新規性の高い（既存のパラダイムを転換するような）イノベーションを生み出すのは、そこに古くからいる人ではなく、新参者の傾向が繰り返し観察されてきました。新参者は、既存の固定概念やしがらみから自由です。そのため、自由に発想することができます。

違う言い方をすれば、いわば素人です。経験が少ない分、古くからそこでビジネスを行ってきた企業がしないような大失敗もするでしょう。しかし、若い企業は社内のルールも未整備だったりします。これまでとは異なるアイディアも出てくるでしょう。また、若い企業の規模は、通常、小さいことが多いのです。組織の階層もまだそれほど高くはなっていません。そのため、前述の小さな組織であることの利点も生きてきます。

このように、若い企業は新規性の高いチャレンジをしやすいのですが、失敗も多いのです。企業の生存率は、加齢とともに高まります。つまり、一歳の企業が十年後までに生き延びる可能性は、百歳の企業が十年後までに生き延びる可能性よりも低いのです。これは、「若さの負債（Liability of Newness）」とも呼ばれています。

新しい企業の場合には、経験の蓄積も乏しく、経営資源も相対的に小さいことが多いのです。そのため、生存率が低いのです。政府はこのような若い企業の生存率を上げる（つまり、保護する）のではなく、若い企業の設立や起業家の再チャレンジを支援することが重要になります。

(2) 古い企業が生み出す洗練

古い企業はどうでしょうか。古いというと、あまり印象が良くないですが、競争を生き抜いてきた企業です。顧客から選ばれてきた企業とも言えます。

前述のように、企業の年齢が上がれば、生存率も上がります。これは企業が競争の過程でさまざまな学習をしていることが一つの大きな要因です。経験を積み重ねているからこそ、より効率的あるいは効果的なビジネスのやり方を学習できるわけです。

企業の既存のビジネスは徐々に確固たるものになっていきます。亀の甲より年の功です。また、古い企業では経営資源も蓄積してきます。伝統的な企業になっていくと、社会的な信頼も増してくるでしょう。

ただ、新規性の高いイノベーションは生み出しにくくなります。これは、新しい企業とは反対です。企業が成長していけば、その規模は大きくなっていきます。そのため、規模の大きな利点は効くものの、小さな組織の利点が失われてきてしまいます。経営資源は蓄積されてきますが、柔軟でスピーディーな意思決定ができにくくなってしまいます。イノベーションのタネである「新しさ」を生み出す力が低下してしまうのです。既存の取引相手などとのしがらみも多くなってくるでしょう。社内における利害関係の調整がうまくいかず、組織内部で抵抗が起こってしまうこともあります。社内での効率的なビジネスの進め方が確立してきますから、それを壊してしまうような新しい試みは進めにくくなります。

これまで生き残ってきたということは、顧客から選ばれ続けてきた企業だとも言えます。これまでのやり方を多重利用する方が投資効率が良いのです。

新規性の高いイノベーションは生み出しにくくなりますが、既存のビジネスの強みを累積的に改良することは得意です。改善を重ねて、洗練させてきた企業が生き残っているとも言えます。ただ、いつまでも成長を続けるビジネスはありませんから、古いビジネスを続けているだけだと、徐々に成長性が小さくなってきます。

3　既存のビジネスのあり方の影響

イノベーションのために、会社の規模や年齢を変えられないのと同じように、既存のビジネスのあり方も変えられません。むしろ、既存のビジネスのあり方がイノベーションに影響します。

イノベーションは企業の競争力の源泉になるだけでなく、われわれの生活を便利にしたり、経済成長につながったりするということは、みんな理解しています。イノベーションに反対する人はほとんどいないでしょう。しかし、いざ、自分ごとになると懐疑的になったり、反対したりします。

その理由は、新しいものに対する不安だと考えられることもあります。新しいモノゴトは、既存のモノゴトとは異なるという理由だけで敬遠されがちです。新しいモノゴトはうまくいくか分かりません。気に入らないかもしれません。既存のモノゴトに対して、慣れていればいるほど、あるいは満足していればいるほど、「わざわざ新しくしなくて良い」と思うわけです。

この理由はいわば、新しいモノゴトに対する、人間の心理的な障壁だと考えられています。しかし、注意も必要です。われわれの脳は、いつもと同じことよりも、新しいことを好みます。同じことばかりだと脳は飽きてきて、働きが鈍くなります。新しいことにふれると、脳は刺激を受け、活性化します。子どもは特に新しいものが大好きです。つまり、人間は本能的に新しいモノゴトを避ける傾向があるわけではないのです。

(1) 機会費用

それではどのような場合に、新しいモノゴトを避ける傾向が強くなるのでしょう。それには二つの場合があります。一つは、自分がこれまで蓄積してきたスキルが陳腐化してしまうかもしれないと思う場合です。

イノベーションには、既存のモノゴトを変える破壊的な側面があります。自分のスキルを陳腐化させてしまうような新しいモノゴトが導入されようとすれば、抵抗するのは当然です。これはイノベーションを考えるうえでとても大切なものです。最後の章でもう少し踏み込んで考えていきましょう。

ここでは、もう一つを中心に考えましょう。それは、機会費用とスラックです。「うちの会社は規模も大きいのに、なぜ新しいアイディアが出てこなかったり、新しいビジネス機会が追求されなかったりするのだろう」と思う人もいるでしょう。

新しいモノゴトを生み出したり、それをビジネスとして追求するためには、トップ・マネジメントが投資の意思決定をしないといけません。しかし、既存のビジネスの収益性が高い場合には、威勢の良いかけ声は聞こえてくるかもしれませんが、新しいビジネスの開拓に本腰は入れてもらえません。新しいビジネスの開拓を行うよりも、既存のビジネスに投資を続ける方が、期待収益率が高いからです。これは、新しいビジネス機会開拓のための機会費用が高いということになります。

機会費用とは、あるモノゴトを得るためにあきらめた利益のことです。ヒト・モノ・カネといった経営資源には限りがあります。だからこそ、選択が強いられます。既存のビジネスの収益性が高ければ高いほど、新しいモノゴトを生み出して、それをビジネスとして追求するハードルが上がるのです。

その反対に、既存のビジネスの収益性が低いときには、新しいプロジェクトに投資を行う機会費用は低くなります。今のビジネスに投資をしていてもリターンは小さい（あるいはこれからさらに小さくなると考えられる）のだから、新しいビジネスを開拓しようと考えやすいのです。

(2)　スラックの有無

また、いくらトップ・マネジメントが新しいビジネス機会の追求を積極的に求めても、現場にその余力がないこともあります。その点で、経営資源の多さは確かに大切です。組織における経営資源の余裕（スラック）につながるからです。

図表 3-1　機会費用と組織のスラック

現場レベルでの組織的なスラック ＼ 既存ビジネスの収益性	高い	低い
少ない	トップ・マネジメント：新しいビジネス機会の追求に消極的 現場：新しいビジネス機会の追求の余裕なし	トップ・マネジメント：新しいビジネス機会の追求に積極的 現場：新しいビジネス機会の追求の余裕なし
多い	トップ・マネジメント：新しいビジネス機会の追求に消極的 現場：新しいビジネス機会の追求の余裕あり	トップ・マネジメント：新しいビジネス機会に積極的 現場：新しいビジネス機会の追求の余裕あり

［出所］ Burgelman（1983）の Figure 2 を参考に筆者作成

スラックとは、能力の余裕です。時間的な余裕や財政的な余裕がなければ、新しいアイディアはなかなか生まれません。スラックが多い場合には、現場で新しいビジネス機会を考えたり、小さな規模で試験的な試みをしたりする余裕もできてきます。

いくら大企業でも現場レベルが日々のオペレーションに疲弊していたり、ギリギリの人員でビジネスを行っている場合には、現場レベルで新しいビジネス機会を追求することは難しくなります。

図表3－1はこれをまとめたものです。新しいビジネス機会の追求は、既存のビジネスの収益性が低く、現場レベルでの組織的なスラックが多い状態（第四象限）でさ

れやすいのですが、実際にはこのような状況は長くはありません。既存ビジネスの収益性が低い企業はコストカットを行うので、すぐにスラックが少ない状態（第一象限）になってしまいます。

既存のビジネスの収益性が高いうちに、新しいビジネスの開拓のために投資をしっかりとできるトップ・マネジメントは大切です（特に第三象限のとき）。号令だけかけて新しいビジネスに投資しないトップ・マネジメントが現在達成している高い収益性は将来の成長を犠牲にしたものだということを、理解しておくことは大切です。

ますが、コスト・スプレディングを効かせてロングテールの探索をすることには適していません。

マネジメントにより、長所を伸ばし、短所を克服したいところなのです。ただ、これは両利きの経営を社内で完結させようと思った場合のことです。流動性制約が小さくなってくると、それぞれ不得意なことはやめて、得意なことに注力する方が良いかもしれません。

新規性の高い探索は情報ロスが少なく、意思決定の速い、小規模で若い企業（スタートアップ）が中心的に行い、大規模で年齢を重ねた既存企業は、ビジネスを洗練させることに注力するという分業です。

既存企業は、外部で生み出された新しいモノゴトを取り入れたり（オープン・イノベーションと呼ばれています）、スタートアップとの連携を進め始めています。有望なスタートアップをM&Aにより社内に取り込み、ビジネスとして規模の拡大を進めていくのです。これは、スタートアップにとっても、望ましいエグジットの一つの経路になっています。両利きの経営を一つの企業のなかで完結させるのではなく、社会的な分業で達成するものと言えます。ビジネスの脱成熟のスピードを考えると、社内でそれを行うよりも、社会的な分業を通じて行う方が早いかもしれません。

COFFEE BREAK

あなたの組織が生み出した新しいモノゴトでなければダメですか？

イノベーションにとって、新しいモノゴトは必要不可欠です。これがなければ始まりません。しかし、その新しいモノゴトはあなたの会社でつくられたものである必要はあるでしょうか。

新規性の高いイノベーションと累積的なイノベーション、両方とも企業にとっては大切です。この二つを両立させることは、両利きの経営（アンビデクスタリティ）と呼ばれています。

新規性の高いイノベーションのためには、幅の広い探索が必要です。累積的なイノベーションのためには、既存のモノゴトを突き詰める深化が必要です。この探索と深化を両立させることができれば、中長期的に企業の存続と繁栄が達成されるのです。

ただ、両立させようと言うのは簡単ですが、これらを同時に追求することは簡単ではありません。本章で見てきたように、組織の特徴によって得手と不得手があるからです。

ぼーっとしていると（きちんとした仕組みがないと）、伝統的な大企業は既存の枠組みのなかでの累積的な改善に傾倒し、不確実性の高い急進的なイノベーションのための探索が少なくなってしまう傾向があります。だからこそ、第4章で見るように、社内でビジネスのポートフォリオを組み、マネジメントをしっかりと分けることが重要です。若く、規模の小さい企業は意思決定が速く、既存の企業の強みを陳腐化するようなイノベーションに適してい

第4章

イノベーションとマネジメントのフィット

前章では、すぐには変えにくい組織のポイントについて焦点を当て、自分の組織がどのような点で有利なのか、あるいは不利なのかを見てきました。自分がどのような状況に置かれているのかを見極めるのは大切です。ただ、自分で変えられるものもあります。この章では、自分で変えられる（マネジメントできる）点から、組織づくりを考えていきましょう。

ここで大切なのは、全方位的にイノベーションを生み出そうとする組織づくりは無理だということです。イノベーションのタイプによって必要なマネジメントが異なっているからです。だからこそ、いろいろな組織にチャンスがあるとも言えます。

1　三つの基本のチェックポイント

「どうも自分の会社はイノベーションが生み出せていない（生み出せそうにない）……」と悩む人には、はじめにチェックしてもらいたい三つのポイントがあります。それは、①インセンティブ、②コスト、そして、③知識プールです。これらは、イノベーションの生成を規定する三つの基本的なポイントです〈詳しくは清水（2019）を参照してください〉。

自分の組織、産業、あるいは国からイノベーションを持続的に生み出そうと思ったら、まずはこの三つのポイントが組織に整備されているかのチェックから始めたいところです。

(1) インセンティブ

最初のポイントはインセンティブです。インセンティブは、日本語では誘引と訳されていますが、カタカナの方が一般的になっているので、それを使っていきましょう。インセンティブとは、ある行為の動機づけになるものです。馬にとっての人参です。

イノベーションが生み出せていないとすれば、インセンティブが足りないのかなと疑ってみてください。インセンティブというと、金銭的な報酬が思い浮かぶかもしれません。しかし、ここで言うインセンティブは、もう少し広い意味です。金銭的な報酬ではなく、社会的な承認欲求を欲している人もいるでしょう。あるいは自己実現を求めている人もいるはずです。

新しいモノゴトを生み出し、それをビジネスにしていくことが、人々にとって得になっているかをチェックしてください。「そんなの得になっているに決まってる」と思っても、もう一度チェックしてください。

新しいモノゴトを生み出すのは、楽ではありません。時間を含めた投資が必要ですし、新規性が高いチャレンジでは失敗することも多くなります。それでも、新しいチャレンジをすることが得になっているでしょうか。組織ではどのような人が評価され、昇進しているでしょうか。

よく耳にするのが、「新しいチャレンジをしたいと思っているのですが、追加の業務になってしまってそこまで手が回らないのです」という声です。「新しいアイディアを出すと、『じゃあ、やってみろ（いつもの業務も）』と上司に言われる」とか「失敗すると評価が下がる」という声もよくあります。これは困ります。

何もしないことが得、あるいは失敗しないことが得になっている組織もあります。そのような場合には、新しいチャレンジをしようとする人はいなくなります。組織内で怠惰がいったん学習されてしまうと、それを変革するのは大変です。新しいモノゴトを生み出し、それをビジネスにしていくことが得になれば、人々はそれに向かって動き始めるのです。新しいチャレンジをすることが得になるようにインセンティブを設計することは大切です。

第5章で見るように、インセンティブに頼ることにも問題はありますし、自分の損得ではなく、信念や使命感、突然のひらめきなどで突き進む人もいます。それはとても大切ですが、そのような個人の信念や使命感、ひらめきなどに頼っていては、組織としては脆弱です。チャレンジにはしっかりと報いてあげないと、使命感を持った人は疲弊し、組織を去ってしまいます。

(2) コスト

二つ目のポイントは、イノベーションを生み出すためのコストです。イノベーションはタダでは生み出せません。ヒト・モノ・カネといった経営資源を動員しなければなりません。必要な経営資源を動員するコストが大きいと、新しいチャレンジはなされません。いくらインセンティブがあったとしても、コストがかかりすぎてしまうとダメなのです。

ここで大切なのは、流動性制約と言われているものです。文字通り、流動性が制約されていることです。何の流動性かというと、ヒト・モノ・カネといった経営資源の流動性です。流動性制約が高いと、ヒト・モノ・カネといった経営資源を必要なときにスムーズに調達することが難しくなります。流動性制約が低くなると、必要なときに必要な経営資源を調達できます。簡単にヒト・モノ・カネに分けて考えてみましょう。

ヒトから考えていきましょう。必要なスキルを持った人材を柔軟に調達できれば良いのですが、そういかない場合もあるでしょう。必要なスキルを持った人材が労働市場にいないこともありますし、誰が必要なスキルを持っているのかを事前に判別できない場合もあります。

そのような場合には、自社で育成しなければなりません。これには時間もコストもかかります。労働市場から必要なスキルを持った人材が調達できる場合には、新しいチャレンジはしやすくなります。

モノはどうでしょう。原材料や生産設備などの有形のモノから、技術やノウハウといった無形のモノもあります。よほどの希少資源でない限りは、有形のモノは市場から柔軟に調達できるものが多いでしょう。

しかし、無形のモノはそう簡単に市場から調達できないものが多いのです。そもそも技術やノウハウといった知識には、文字や数式、図などで表現できる形式的なものだけでなく、暗黙的なものもあります。暗黙的な知識は、それを持っている人との共同の経験などがなければなかなか移転できません。その点で、人材の流動性とも関連しています。

ただ、形式的な知識については、特許などの知的財産権の保護が強くなれば、売買をすることができます。これはモノの流動性制約を下げる制度と考えることができます。

最後はカネです。これは投資を行うための資金の流動性です。イノベーションを生み出すためには、投資が必要です。たまたま自分が裕福だったり、親切な知り合いに裕福な人がいればラッキーです。

しかし、それでは裕福な人しかチャレンジできません。裕福な人ばかりが新しいアイディアを持っているとは限りませんし、それでは社会で持続的にイノベーションが生み出されることは期待できません。新しいチャレンジをしたいと思う人が、低いコストで資金を調達できる仕組みが必要です。

エンジェル投資家やベンチャー・キャピタルあるいは、新興企業用の証券市場などは、新規性の高いチャレンジに対して低いコストで資金を提供する仕組みと言えます。

これらを社内で考えるとすれば、チャレンジをしたいと思う人の一歩踏み出すコストを低くしてあげることが大切ということになります。最初の段階では、必要な経営資源もそれほど多くはありません。それをスムーズに調達して、最初の一歩を踏み出しやすくしてあげることが大切です。

反対に、多くのはんこ（そもそも稟議書で多くのはんこが必要な時点で困ったものですが）が必要であったり、失敗したときに大きなペナルティ（昇進に悪影響があったり、同僚から白い目で見られたり）があったりすると、チャレンジのコストが上がってしまいます。これでは、いくらインセンティブが大きかったとしても、なかなかイノベーションへと踏み出せません。

(3) 知識プール

三つ目のポイントは、知識プールです。インセンティブが大きくて、コストが小さかったとしても、利用可能な知識が古かったり、体系的に整理されていない場合には、持続的にイノベーションが生み出されることを期待することはできません。

新しさの源泉は、さまざまなものがあります。天才的なひらめきや思いつきも大切です。たまたまの手違いから新しい発見がされることもあります。しかし、それに頼っていては、イノベーションは偶然の産物になってしまいます。

社会でイノベーションが持続的に生み出されるためには、体系的に知識が積み上げられていることが大切です。ひらめきや思いつきなどは、社会的に見れば日常的にさまざまなところで頻繁に起こっています。しかし、そのほとんどは、誤解にもとづくものであったり、誰かが既に試していてうまくいかなかったものです。

これまでに積み上げられた知識のプールがあるからこそ、巨人の肩に乗れるのです。新しいモノゴトを生み出すために立脚している知識のプールが既に陳腐化したものであると、ロクなものは生まれません。

社内で言えば上司の、行政組織であれば政治家の思いつきベースで意思決定をしていると、持続的なイノベーションの創出は期待できません。思いつきベースの意思決定者がたまたまセンスが良かったりする幸運もある思いますが、それに頼っていては組織としては脆弱です。自分のアクセスする知識のプールを最新のものにしておくことが大切ですし、この点で、教育はとても重要な役割を果たしているわけです。

2　ポートフォリオによって必要なイノベーションは異なる

基本の三つのポイントが整備されていなければ、持続的なイノベーションの創出は期待できません。ただ、これはあくまでも基本中の基本です。もう少し踏み込んで考えていきましょう。

カツ丼をつくりたいのに、クリーム・ブリュレの材料とレシピを用意しても意味がありません。目的によって、適切な手段は変わります。「組織は戦略に従う」という命題が、経営学にはあります。戦略によって適した組織は異なるというものです。どんなときでも最高のパフォーマンスを発揮する組織は、残念ながらありません。

組織開発をウリにしている人たちには、常に最高のパフォーマンスを発揮する組織があると主張する人もいます。落ち着いた思慮深い上司が、低い声で「最高の組織をつくれば、パフォーマンスが上がる」と自信を持って言えば、説得力があるように聞こえるかもしれません。しかし、その人たちの話をよく聴いて、落ち着いて考えてみてください。論理的におかしいのです。前件が後件から導かれているからです。やや分かりにくいので、少し話がそれますが、丁寧に説明しましょう。

「最高の組織」が前件で、後件が「パフォーマンスが上がる」です。原因と結果と考えても良いでしょう。組織はある目的を達成するために集まった人々のことであり、最高というのは基本的にはその目的を達成するのに最も優れているということになります。

成果が上がらない最高の組織というのは、語義矛盾です。つまり、最高の組織の構成要素の一つとして、卓越したパフォーマンスが含まれているのです。そのため、最高の組織をつくれば、パフォーマンスは定義的に上がります。

これは常に真（正しい）なのでやっかいです。間違わないのです。パフォーマンスが上がらなければ最高の組織をつくれなかったからだということになりますし、パフォーマンスが上がれば最高の組織がつくれたからだということになります。このような常に正しい命題は、科学的な命題ではありません。検証ができないからです。

「しっかりやれば、できる！」というのと同じです。できなければ、「しっかりやらなかったからだ！」と怒られ、できれば、「ほら、しっかりやったからだ」ということになるのです。常に正しい命題は、間違えないので検証ができず、新しい学習につながりません。話を戻しましょう。目的によって、どのような組織が効果的かは変わるのです。

(1) ポートフォリオで考える

複数のビジネスに多角化している企業であれば、ぜひとも考えたいのがビジネスのポートフォリオです。ビジネスのポートフォリオとは、ビジネスの組み合わせのことです。ポートフォリオを組むことで、分散投資を行うことができます。これにより、安定的な経営ができます。

例えば、企業のビジネスが新規性の高いチャレンジングなものだけだと、すべてが当たった場合には、高いリターンが期待できますが、失敗したときの損失も大きくなります。経営は安定しません。企業のビジネスが既存の安定的なビジネスだけになると、成長性が低くなってしまいます。バランス良くビジネスを配置することが、大切なポイントです。ポートフォリオは、イノベーションのための組織づくりにとっても大切です。基本中の基本と言っても過言ではありません。

ビジネスのポートフォリオの枠組みは、さまざまなものがあります。まずは、ボストン・コンサルティング・グループのプロダクト・ポートフォリオ・マネジメント（略してＰＰＭとも言われます）を例に考えてみましょう。全社的な戦略を考えるうえで有名なものなので、聞いたことがある人も多いはずです。

ここではポートフォリオの組み方を学ぶことよりも、イノベーションという観点からポートフォリオの大切さを考えることがポイントです。ＰＰＭはやや古典的なものとなりましたが、分かりやすさを優先してこれを使って見ていきましょう。

まずは、ＰＰＭの基本を確認しましょう。ＰＰＭでは、社内の事業を市場の成長性と自社のシェアの二つで分けて考えます。

市場の成長性が高く、自社のシェアが高い事業は、花形です。しかし、成長し続ける市場はありません。どんなビジネスでも成長性は低下してきます。花形事業の成長性も低下してきます。

図表 4-1　ポートフォリオ・マネジメント

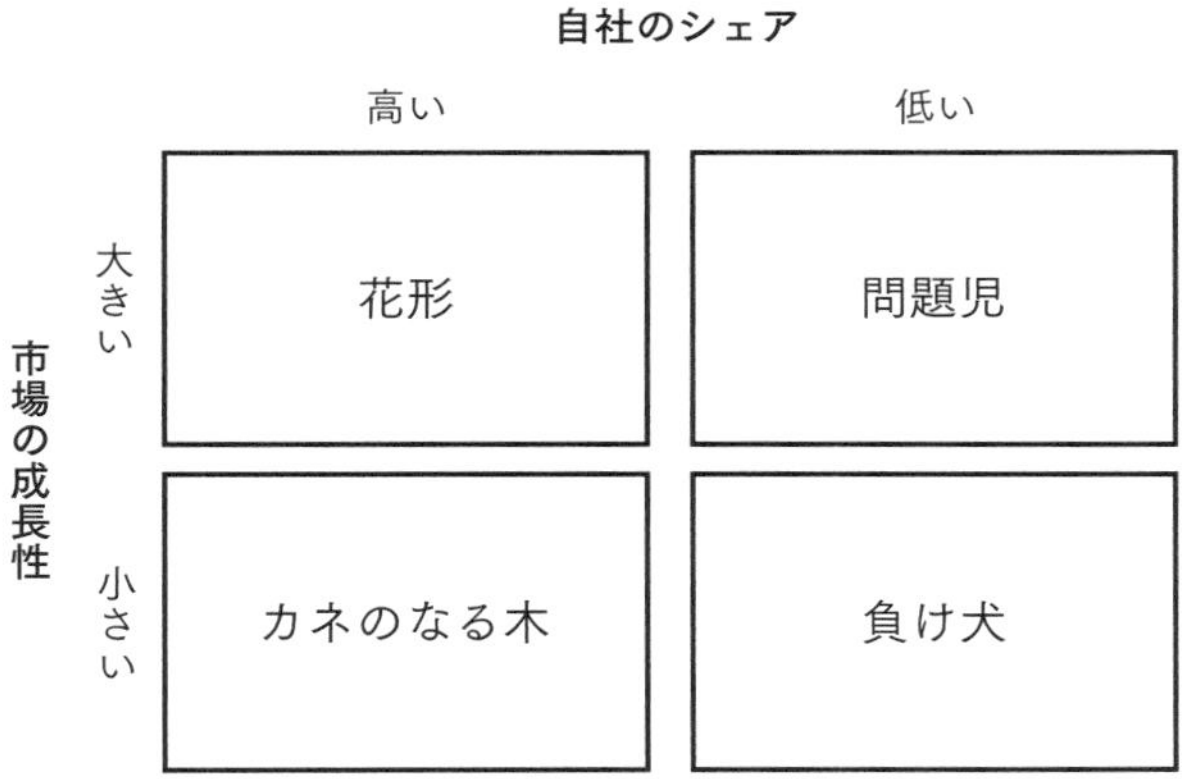

そうすると、カネのなる木事業になるのです。これは文字通り、キャッシュを生み出す事業です。追加的な投資もそれほど必要ありません。ここで残存者利益が発生します。

一方、市場の成長性が高いのに、自社のシェアが低い事業は問題児であり、市場の成長性も自社のシェアも低い事業は負け犬と呼ばれます。負け犬のビジネスはできるだけ早く清算し、キャッシュに変え、それを問題児に投資します。カネのなる木が生み出したキャッシュも、問題児に投資するのが定石です。

投資先の中心は常に問題児です。問題児、花形、カネのなる木の三つが社内にしっかりあることが、大切です。

「いやいや。うちの会社には問題児なんてありません。おかげで、収益性もとても高いのです」という自慢の声を聞くこともあります。確かに、高い収益性は自慢したくなるポイントでしょう。稼ぐ力のあるビジネスがしっかりとあるわけです。ただ、成長性はどうでしょうか。

収益性が高い企業は、ニッチ市場でのリーダー企業によく見られます。ニッチ市場では、競争もそれほど激しくありません。そのような領域で競争力を構築できれば、収益性は高くなります。

ただ、このような企業の事業のポートフォリオを見てみると、カネのなる木ばかりだったりすることがよくあります。収益性は高いかもしれませんが、中長期的な存続と発展という観点では、このような企業には危うさがあります。市場の成長が緩やかなものになっていくにしたがい、その会社の成長もなくなってくるのです。次のビジネスの柱（花形）になる問題児に投資をしていないのですから、当然、収益性も高くなります。違う言い方をすれば、将来の成長を犠牲にした、現在の収益性の高さです。

(2) アンゾフのマトリックス

せっかくですから、有名なポートフォリオをもう一つ紹介しましょう。イゴール・アンゾ

図表 4-2　アンゾフの成長マトリックス

		製品・サービス	
		既存	新規
市場	既存	市場浸透	製品開発
	新規	新市場開拓	多角化

［出所］ Ansoff（1957）p.114 の図 1 を参考に筆者作成

フが提唱した、アンゾフの成長マトリックスと言われるものです。これも今では古典的なものですが、とても分かりやすいので見ていきましょう。

既存ビジネスだけに頼っていては、企業の成長は見込めません。いつまでも成長する市場はないからです。そのため、何らかの新しい領域に進出していくことが大切です。新しさを、製品やサービスと顧客（市場）という二つの軸で分けたのが、このアンゾフのマトリックスです。

まず、既存の製品やサービスを既存の市場に投入することは、「市場浸透」と呼ばれています。製品やサービス、あるいは市場面での新しさはありません。営業の人数を増やしたり、価格を安くしたりすることでシェアの拡大を狙うのが典型です。

新しい製品やサービスを生み出して、既存の市場に投入するのは、その名の通り、「製品開発」です。これも比較的よくあるパターンかもしれません。既存の顧客を理解し、新しい製品やサービスを開発することが求められます。

既存の製品やサービスを新しい市場に投入するのは、「新市場開拓」です。ここで必要な新しさは、新しい顧客とのつながりをつくるうえでのものです。誰もそこに顧客がいるとは思っていなかったところで市場を創れれば、大きな経済的な価値につながります。

最後は、「多角化」です。新しい製品やサービスを新しい市場に投入するものです。ここでは、製品・サービス面と市場の開拓の両面で新しさが必要となります。

アンゾフのマトリックスも、前述のPPMと同じように、企業の中長期的な存続や繁栄のためには、経営資源の配分を少しずつ、既存の製品やサービス、あるいは市場から新しいところに展開していくことの重要性を説くものです。

(3)「部門を問わずイノベーションを起こせ！」という号令がまずい理由

イノベーションを望まないトップ・マネジメントはいないでしょう。だからこそ、「イノベーションを起こせ！　どこの部門でも重要だ」と力強く発破をかける上司も出てきます。

これは二つの点で、よくない指示出しです。一つは、「部門を問わず」という点で、二つ目は「イノベーションを起こせ！」という点です。ここでは一つ目を見ていきましょう。二つ目については、第5章で詳しく見ていくので、少し待っていてください。

なぜ、「部門を問わず」というのがまずいのでしょうか。これは、ビジネスのポートフォリオによって、ほしいイノベーションが異なっているからです。

話をPPMに戻しましょう。一番、新規性の高いイノベーションがほしいところはどこでしょう。もちろん、問題児のビジネスです。問題児のビジネスでは、これまでと同じようなことをやっていてはシェアを上げられるわけはありません。欲を言えば、既存のリーダー企業の競争力を陳腐化するような破壊的なイノベーションがほしいところです。

新しいことをたくさん試さなければダメです。失敗も多くなります。自分で仮説をつくり、それを検証していくために意図的な間違いもしていきます。だからこそ、失敗を許容する組織をつくる必要があります。

問題児の対極にあるのが、カネのなる木です。できるだけ多くのキャッシュを稼ぎ出すことが、カネのなる木の大切なポイントです。カネのなる木のビジネスのシェアは既に高い、つまり、多くの顧客に選ばれているのですから、競争力があるわけです。

そこで求められているイノベーションは、既存の強みをさらに強くするようなものです。しかも、効率的にキャッシュを生むためには、あまり大きな投資はしたくはありません。だからこそ、既存の強みを前提として、それを累積的に（できるだけ投資をせずに）改良していくものがほしいのです。

もしも、問題児のビジネスが新規性の高い試みをして失敗し、シェアを低下させてしまうと、負け犬ビジネスになってしまいます。これでは企業を支える屋台骨が崩れてしまいます。

花形もカネのなる木と同じように、多くの顧客に選ばれているのですから、既に競争力は構築できています。だからこそ、そこでほしいイノベーションは、その競争力の源泉を前提として、それを洗練させるものです。もしも、ライバル企業が新しい製品やサービスを出してきたとしても、焦らず、早い段階で模倣することが、競争戦略的な定石です。自ら大々的に新規性の高い試みをして失敗してしまうと、問題児に戻ってしまいます。

このように、ポートフォリオによって求められるイノベーションの性質は違うのです。それなのに、「部門を問わず、イノベーションを生み出せ」というのは、大雑把すぎる号令と言わざるを得ません。それぞれのポートフォリオに、どのようなイノベーションが求められているのかを明確に伝えることが大切です。また、目標が異なれば、適切なマネジメントも当然違ってきます。求められているイノベーションを生み出せるような組織をつくっていくことが大切です。

アンゾフのマトリックスで考えても同じです。新規性が最も必要なのは「多角化」です。製品も市場も自社にとっては新しいのです。新規参入ですから、既存企業に対して競争力を構築するためにイノベーションが求められます。試行錯誤を増やしたいところです。

それに対して、「市場浸透」や「製品開発」については、あまり大きな投資はしたくありません。既存市場の成長性が低下している場合には特にです。いくら画期的な新製品ができたとしても、既存市場が成長していないときにはそれほど効果的ではないからです。その場合、投資をすべきは、新しい市場を開拓する「新市場開拓」や「多角化」です。

3　求めるイノベーションが違えば、必要なマネジメントも異なる

ハンバーガーチェーンは、品質の安定したハンバーガーを安価に提供するための組織の能力を構築しています。しかし、それは美食家が唸るような最高に美味しいハンバーガーを提

供するための能力ではありません。最高に美味しいハンバーガーを提供しようと思ったら、世界中に展開することは難しいでしょうし、価格も高くなってしまいます。戦略によって、必要となる組織の能力が異なっています。

新しいモノゴトを組織的に生み出すためには、組織を効率的に運営するためのマネジメントとは異なる仕組みが必要です。例えば、組織を効率的に運営しようと思ったら、指揮命令系統の一元化、タスクの明確な定義、分業の在り方や仕事の進め方のルールの共有、問題解決の方法などを事前にできるだけ決めておくことなどが大切です。これらは、失敗を少なくし、平均を上げていくためのマネジメントです。これにより、ビジネスの効率性が上がります。

しかし、新規性の高いモノゴトを生み出そうとすると、効率的なマネジメントが邪魔をします。新規性の高いイノベーションを生み出すためには、失敗を少なくして、平均を上げていくのは効率的ではありません。事前に、どのプロジェクトがヒットするは分からないからです。検証すべき仮説も多いので、意図的な間違いも多くしなければなりません。また、プロジェクトの柔軟な変更も必要となりますが、それを多方面に説明している時間もそれほどありません。以下では、マネジメントについて、再びＰＰＭで考えていきますが、考え方はアンゾフのマトリックスでも同じです。

(1) 同じ評価の仕組みで良いわけがない

問題児では、新規性の高い試行錯誤を多くしなければなりません。これまでと同じことをやっていては、シェアを高めることはできないからです。第1章で見たような、テールの長い試行錯誤をしたいところです。

新規性の高いチャレンジを行えば、当然、失敗も多くなります。試行錯誤のなかで仮説検証のために、意図的に間違いを繰り返していくことはいつでも大切なのですが、新規性の高いチャレンジを行う場合には、そもそもの仮説の修正が極端に多くなります。事前に想定していなかった計画変更も多くなります。そのため、事前の計画の変更や失敗を許容する人事制度を用意しておく必要があります。さらに、失敗の原因を突き止め、それを共有することを肯定的に評価することも大切です。

花形やカネのなる木は、既に自社のシェアが高いのですから、既存のビジネスの競争力があるということになります。これらの事業でほしいイノベーションは、既存のビジネスの強みを前提にして、それにさらに磨きをかけていくようなものです。新規性が高い必要はそれほどなく、既存の延長線上の改良でまったく問題ありません。

前述のように、新規性の高い試みにチャレンジして、シェアが低くなってしまっては、企業の屋台骨が崩れてしまいます。カネのなる木で新規性の高い試みをして、失敗し、シェアが低下してしまうと、負け犬になってしまうのです。だからこそ、慎重なマネジメントが必要です。前例主義的な意思決定で構いません。仮説検証のために間違えることは必要ですが、できるだけ大きな失敗をしないような評価が大切です。

このように求めるイノベーションが異なれば、必要な人事評価システムも違います。ただ、全社的な人事評価の仕組みは、どうしても花形やカネのなる木に引っ張られます。花形やカネのなる木は社内で大きく、全社的な人事評価システムもここを基準につくられます。そのため、全社的な基準が問題児のプロジェクトにも当てはめられがちです。その組織のメンバーが既存の業務と兼任の場合には、ますますです。小さなプロジェクトに参加している少数の人のためにわざわざ特別に人事評価システムをつくるのは、簡単ではありません。

しかし、ここをサボっていては、新規性の高い成果は、組織のメンバーのオーナーシップの高さに依存することになります。そこも大切ですが、それだけに頼っていては、大切な人材がそのうち疲弊してしまいます。

(2) 累積的なイノベーションのための組織

イノベーションの性質によってどのようにマネジメントが異なるのかを、もう少し詳しく見ていきましょう。累積的なイノベーションから考えていきましょう。

既存のモノゴトをよく知る

ハーディ・ガーディを知っていますか。あまり目にすることのない珍しい楽器です。バイオリンのような形をしていますが、ハンドルを回して演奏する弦楽器です。この楽器で奏でる曲をつくってくださいと言われたら、皆さん何から始めるでしょうか。

そもそも、作曲の基本を学ぶ必要があります。また、ハーディ・ガーディについての理解も欠かせません。それらがなければ、本人としては新規性の高い曲をつくったと思っても、おそらくほとんどの場合は、ただのメチャクチャです。形《かた》をよく理解しているからこそ、それをより良くするためのアイディアが出せるのです。

既存のモノゴトを前提にして、それを累積的に改善していこうという場合、まず、何より大切になるのは既存のモノゴトについての理解です。既存のモノゴトを理解していなければ、効果的な改善もできません。

もちろん、既存のモノゴトをよく知れば知るほど、新しいアイディアが次々と出せるようになるとは限りません。

領域の知識とクリエイティビティの間には、逆U字の関係が見られています。基本的には既存のモノゴトの理解は、クリエイティビティ（有用な新しさの創出）を向上させます。しかし、既存の領域での習熟があるところを超えると、クリエイティビティの程度は低減します。固定観念が生まれてきて、新しいアイディアを考える障害になることもあるでしょう。変革は既存のモノゴトの在り方の否定を含みますから、その領域に習熟している人はそれに抵抗感を覚えることもあるでしょう。

ただ、やはり、累積的なイノベーションを生み出そうとすれば、まずは既存のモノゴトの理解が欠かせません。そのため、既存のモノゴトを理解している人あるいは、理解しようとする人をグループに配置することが基本です。「新しさ」を生み出したいからといって、その領域についての理解がないフレッシュな人たちを集めたとしても、有用な新しさはあまり期待できません。

物差しの共有の大切さ

既存のモノゴトの理解には、ある程度の時間が必要です。その領域での経験が長くなれば、当然、そこでの知識は蓄積します。知識は、形式知と暗黙知に分けることができます。形式知とは、文章や図、あるいは数式などで伝えられるものです。暗黙知とは、うまく文章化したり、図や数式では表せないのだけれど、知っていることです。

形式知は、マニュアルなどによって共有することが比較的簡単にできます。そのため、既存のモノゴトを形式知にできれば、その学習にそれほど長い時間はかかりません。しかし、暗黙知はそうはいきません。暗黙知の共有には、同じ経験を繰り返すことが大切です。暗黙的な知識が多い領域であれば、その分、学習に時間もかかります。長くやっているからこそ、分かるものがあるのです。

「そもそも」と言い出す人が出て、せっかく固まってきた議論が振り出しに戻ってしまう経験はないでしょうか。「そもそも」と言い出す人は、破壊的なイノベーションを生み出すのには重要です。既存の前提を疑ってくれるからです。しかし、前提を共有できない人は、累積的なイノベーションをむしろ阻害してしまう可能性があります。

累積的なイノベーションを促進しようとすれば、あまり頻繁に人が入れ替わるチームを組むことは好ましくありません。メンバーが替わるたびに、既存のモノゴトの理解の共有からやり直さなければならないからです。

このような共通の前提は、パラダイムと呼ばれることもあります。チームが同じパラダイムの下で仕事をすることは、累積的なイノベーションを生み出すうえではとても大切です。「イノベーションにはパラダイム・チェンジが大切だ」と言われることもあります。しかし、累積的なイノベーションにとっては、パラダイムが変わらず存在していることが必須です。新規性の高い新しさを生み出そうという試みとは、必要なものが異なるのです。

パラダイムが揺らぐと、達成すべき目標や解くべき課題は何か、測定や評価の指標、何をしてはいけないのかなどについての共通理解がなくなってしまいます。これでは、やろうとしていることがそもそも改善になっているのかすら分からなくなってしまいます。みんなが同じ物差しを共有しているからこそ、累積的な改良ができるのです。

同じメンバーで仕事をしていると、共通理解が進みます。同じチームで仕事をした経験は、チーム・ファミリアリティと言われています。直訳すればチームの親密度です。親密度というと、メンバーの仲の良さという感じもしますが、あくまでも同じメンバーで仕事をした経験です。チーム・ファミリアリティが高いということは、何度も繰り返し同じメンバーで仕事をした経験があることを意味しています。

チーム・ファミリアリティの高いチームの典型例は、映画の『男はつらいよ』シリーズで有名な山田洋次監督のいわゆる山田組です。脚本や監督助手、撮影、編集、美術などを担当するメンバーはいつもほとんど変わらないのです。

変わらないメンバーで仕事をしていくと、信頼関係が構築されてきます。お互いの仕事のやり方についての学習が進んでいきます。このようなチームができると、それぞれの専門性を活かし、累積的な改善を進めていけます。

もちろん、チーム・ファミリアリティを上げていけば、ずっと累積的な改善の効果が見られるわけではありません。チーム・ファミリアリティと創造性の間には、逆U字型の関係が観察されています〈この点の研究を掘り下げたい方は、例えば、Huckman, et al. (2009), Espinosa, et al. (2007) などを参照ください〉。

チーム・ファミリアリティが上がっていくと、お互いを知り、ツーカーの関係になっていきます。しかし、同じメンバーでずっと仕事をしていると、マンネリが出てきます。前提の共通理解を疑う人が少なくなり、固定観念になっていきます。そうすると創造性が落ちてきてしまうのです。

ただ、チーム・メンバーの流動性を上げることが何より大切だと考え、それらを高めるチームづくりをしていくと、累積的な改善がなされにくくなってしまいます。ここにトレードオフがあります。

(3) 新規性の高いイノベーションのための組織

既存の強みを前提としない、新規性の高いイノベーションの場合はどうでしょうか。このようなイノベーションこそ、わが社には必要だと感じている方も多いでしょう。

新参者の大切さ

既存のモノゴトを大きく変革するような新規性の高いものは、新規参入者が生み出す傾向があります。これには、二つの理由があります。

一つ目の理由は、これまでに繰り返し見てきたように、新規参入者の戦略的な理由です。これから新たに参入しようとする企業は、既存企業と同じ土俵で競争していてはなかなか勝てません。だからこそ、既存企業にはない（できれば既存企業の競争力の源泉を陳腐化させるような）新しいモノゴトを生み出して、参入しようとするのです。

もう一つの理由は、既存の領域での課題設定、問題解決、その評価などの枠組みを共有し成功してきた人や組織にとっては、これまでに学習してきた枠組みを棄ててモノゴトを考えることは難しいという点です。

学習したことは、知らず知らずのうちに自分の思考の枠組みに入り込みます。組織では意思決定の手続きに入り込みます。また、意識せずともカラダに染みついていることもあります。泳ぎ方を一度知ってしまった人に、それを忘れて泳いでくださいと言っても難しいのです。新規参入者は、より自由です。既存の枠組みにとらわれることなく、自由に発想することができます。

新規性の高い成果がほしい場合には、新規参入なのかどうかが大切なポイントなのです。既存のビジネスを長年やってきたチームに、既存領域での累積的なイノベーションは大いに期待できますが、既存の領域で新規性の高いイノベーションを生み出すことを期待するのは難しいのです。つまり、新規性の高いイノベーションは、新規参入を試みる新しいチームに期待しましょう。

小さなチームで始める

「探していたものとは違うのだけど、なんだか良いものの見つけちゃった！」という経験は、誰でもあるでしょう。セレンディピティは、新規性の高い成果に結びつきやすいことが分かっています。ということは、新規性の高い探索を行っているチームにとっては、このような偶然の幸運を活かせるかは大切なポイントになってきます。

もちろん、幸運はぼーっとしていては訪れてくれません。新しさを探索しているからこそ、見つかるのです。さらに、幸運の女神には、前髪しかないと言われています。幸運に出合ったとしても、すぐにそれをつかまなければなりません。他の誰かがその機会をつかんでしまいます。

どのようなチームだとセレンディピティを活かしやすいのでしょうか。これには、チームが小さい方が有利です。

チームの大きさは、生み出されるイノベーションの性質に影響を与えます。科学の領域では、基本的には、大きいチームの方が平均的に優れた成果が生み出されることが見られています。これは、単純に大きいチームの方がそこに動員されている経営資源が大きいことが理由です。大型の研究プロジェクトの方が、平均的には良い成果を出しやすいのです。

ただ、大きなチームになると、セレンディピティの追求は難しくなります。大きなチームでは分業が進みます。分業を行うためには、目標を共有し、それに向かうためのタスクを分化する必要があります。分化されたタスクの間を調整し、一つの成果へと統合していくためのマネジメントも大切です。このマネジメントが、セレンディピティの追求を阻害してしまうのです。

セレンディピティは、当初の計画にはない発見です。それを追求するためには、計画を変更しなければなりません。分業のあり方やそのマネジメントも変えなくてはならないかもしれません。さらに、セレンディピティを見つけた人は、当初はそれをうまく言語化して、説明できるとは限りません。そのうえ、計画を変更したとしても、それがうまくいくかどうかすら分かりません。

このような状況で、大きなチームをマネジメントするマネージャーにとっては、計画を変更して、セレンディピティを追求することは簡単ではありません。他の人たちに計画の変更の正当性をうまく説明ができないのです。

しかし、チームが一人だけで、セレンディピティを発見した人と、計画を変更してそれを追求しようという意思決定をする人が同じ人だった場合、計画の変更は簡単です。自分で決めれば良いだけです。これは第3章で小さな組織だからこそできることでも見たものです。当初の計画をどれだけ柔軟に変更できるかは、新規性の高いチャレンジをしている組織にとっては重要です。

そもそも、新規性の高い探索をしていれば、意図通りのものが見つかる方が少ないほどです。だからこそ、チームの規模をできるだけ小さくして、セレンディピティを活かしやすくしておくことは大切です。小さいチームで始めることは、イノベーションは組織の全員が一丸となって進めるというある種の幻想から逃れるためにも大切です。この点については、第5章で見ていきましょう。

幅の広い探索とセットにしたい失敗の原因追求とその共有

新規性の高いイノベーションがほしければ、幅の広い探索を行うことが大切です。幅の広い探索とは、既存の領域の範囲のなかで新しさを探すのではなく、既存の領域の外までも新しい結びつきを探すということです。

新しい領域で試行錯誤を繰り返すのですから、当然、失敗が多くなります。特に、既存のモノゴトを前提とした累積的なイノベーションでの試行錯誤よりも、予期しないような失敗が多くなります。失敗がネガティブになる評価システムがあると困ります。失敗がネガティブに評価されると、失敗を避けたり、隠蔽したり、あるいは、失敗しないような低い目標を立ててしまいます。

失敗とその原因の究明、共有を肯定的にとらえる人事評価が大切です。これは繰り返し本書で見てきたところです。これができるからこそ、心理的な安全性が生まれるのです。

心理的な安全性というと、「みんながサポートしてくれる」あるいは、「バカげていることを言ってもポジティブに受け止めてくれる」といった精神面でのポイントがよく指摘されます。このような点も大切なのですが、これだけでは組織的に知識は蓄積していかず、試行錯誤を進めるごとに価値あるものが生まれるという状態にはなりません。失敗の原因の追求とその共有、そして帰無仮説の検証のための意図的な間違いをきちんと評価することが、大切です。

チームの多様性と三つの注意点

新規性の高いイノベーションのためには、チームのメンバーの多様性が大切です。年齢や性別、国籍などといった属性的な側面での多様性は、あまり大きな意味はありません。それよりも、経験やスキル、あるいは価値観や志向性といった認知面での多様性が大切です。

年齢や性別、国籍が異なる人たちを集めると、多様性があるように見えるかもしれませんが、認知的な多様性が少なければ、考え方は同質的になります。考え方が同質的であったとしたら、イノベーションを生み出すという点ではあまり効果はないのです。

また、多様性を高めたとしても、三つの点には注意が必要です。

一つ目は、多様性の高いチームのマネジメントのためのリーダーの役割です。多様性が大きくなれば、意見が一致することが少なくなり、コンフリクトが大きくなります。ここで、リーダーがコンフリクトに対して、回避的であったり妥協的な場合には、チームの成果は上がりません。

また、リーダーが強権的な場合には、せっかく高めた多様性の意味がありません。結局、みんなリーダーの顔色をうかがって、情報を取捨選択したり、自身の行動を変えてしまったりするからです。チームでのコミュニケーションが円滑に進むように気を配るリーダーが、必要です。

二つ目は、認知的な多様性を高めたとしても、それがチームで行うタスクに関係のないものであれば意味がないということです。例えば、次世代のロケットを開発するために途上国で開発支援をしていた経験はそれほど必要ありませんし、サプライチェーンを途上国で一から開拓していくためには制御力学の博士号も必要ないでしょう。

いろいろな人を集めれば、多様性は高まりますが、それが自動的にチームの成果の向上につながるわけではありません。チームの成果を高めるために必要な認知的な多様性を、きちんと用意することが大切です。チームに必要なスキルセットをきちんと用意するというものであり、特別なことではありません。

最後の点は、最も強調したいところです。多様性のあるチームをつくったとしても、そのチームで繰り返し、繰り返し仕事をしていると新規性が下がってくるのです。だからこそ、チーム・ファミリアリティが高まりすぎないようにすることも重要です。

これまで見てきたように、チーム・ファミリアリティが高まると、メンバー同士の相互理解が深まり、チームワークも良くなります。しかし、マンネリ化が起こってきます。知らず知らずのうちに、同じようなモノゴトを創ってしまうのです。

チームのメンバーの間の多様性があったとしても、何度も同じチームで同じ仕事をしていると、成果のカタチができてくるのです。カタチが出来上がると、それを洗練させることはできるのですが、同じメンバーではなかなかカタチを壊すことはできないのです。だからこそ、チームのメンバーがあまり固定的にならない方が良いのです。

新しいメンバーは、新しい経験やスキル、価値観あるいは志向性などをチームに持ち込んでくれます。新しいメンバーがコンフリクトを生むこともあります。仕事がスムーズに進まなくなったりします。しかし、それこそが新規性のタネとも言えます。

オーナーシップの高い人を集めて隔離する

「週末は、近所の公園のトイレを掃除した」と友人が言ったら、皆さんはどういう反応をするでしょうか。多くの人は「え、なんで？　そういうボランティア？」と驚くでしょう。「えらい」と思う人もいるでしょう。ですが、「それじゃあ、自分もやろう」と洗剤とブラシを用意する人は多くはないでしょう。

「週末は、自分の家のトイレを掃除した」と友人が言ったらどうでしょう。「え？　なぜ？」と聞く人はいないはずです。「それで？」というのが普通の反応です。掃除しているものは同じなのに、公園と家のトイレでは大きな違いがあります。自分の家のトイレは熱心に掃除するのに、公園のそれにはそれほど熱心ではないのです。なぜでしょう。

これは、自分のものかどうかが大きく違うからです。自分の家のトイレは、自分のものです。公園は自分のものではありません。みんなのものです。自分のモノだと思えば、最も良い使い方をしようと考えますが、みんなのモノだと思えば、最も良い使い方かどうかはあまり考えないのです。自分にとって都合の良い使い方をします。

これはオーナーシップ（所有権）の問題です。オーナーシップというと、「いやいや。うちの会社はオーナー社長がいて、自分は違う」とか、「ストックオプションのことですね、うちの会社にもありますよ」と考える人もいらっしゃると思いますが、そういう話ではありません。もう少し、心理的なものです。「自分の会社だ」とか「自分の製品・サービスだ」とか、「自分の部（あるいは課）だ」と本当に感じている人がどれだけいるかという話です。

オーナーシップの程度が低いと、経営資源のベストの使い方を真剣には考えてはくれません。オーナーシップが低い人は、「どうせ、誰かがやってくれる」と考えがちです。現状を追認しがちにもなります。その方が、コンフリクトを避けられますし、余計な仕事が自分に降りかかってくることがないからです。

オーナーシップの高い人は、経営資源のベストの使い方を考えてくれます。「もっと、良いやり方があるのでは」と問いかけています。この問いは、現状の（部分的であったとしても）否定を含みます。そのため、問いを発すると物議をかもすかもしれません。それでも、

「自分の」という思いが強いからこそ、もっと効果的あるいは効率的な経営資源の使い方を探索するのです。

組織でイノベーションを生み出そうという場合に、このような人は貴重です。オーナーシップの高い人を、少人数集めてください。このチームのメンバーは、兼任ではなく、専任にする必要があります。兼任にしてしまうと、メンバーの既存の仕事にプラスされてしまいます。これでは、新しいことにチャレンジすることが、重い業務負担になってしまいます。

そのうえで、このチームをできるだけ隔離してください。新規性の高いチャレンジであればあるほど、失敗は多くなります。新しいことであればあるほど、最初は穴だらけ。批判しようと思えばいくらでもできます。「あんなことやってうまくいくの？」という批判が耳に入ることもあります。

いくらオーナーシップの高い人たちであっても、このような批判や冷ややかな視線が続くと辛くなってきます。新規性の程度を下げ、結果が出やすい領域に探索をシフトさせたり、そもそもチャレンジをやめてしまうこともあります。そうなると困るのです。そのため、既存のビジネスの効率的な運営を行っているチームから物理的に隔離したいところです。

COFFEE BREAK

両方大切というメッセージ

これまで見てきたように、ポートフォリオで見るとそれぞれのビジネスの全社的な戦略における役割が異なっていることがわかります。新規性の高い探索を行っているチームと、既存のビジネスの強みをさらに洗練させていこうとする事業部では、求められていることが違います。だからこそ、適切なマネジメントも異なるということは、本章でも見てきました。

リーダーには、これらのチームは両方とも大切だというメッセージを全社的に繰り返し出してほしいところです。なぜ、わざわざこのようなメッセージを出さないといけないのでしょう。

人は特定の組織のメンバーになり、共同で作業を行い、他の組織と区別されると、自分の組織に忠誠心や愛着を持つようになります。忠誠心や愛着を持つだけなら良いのですが、他の組織に対して攻撃的になることもあります。忠誠心や愛着の裏返しとも言えるでしょう。

そのため、新規性の高い探索を行っているチームと、既存のビジネスの洗練を行っているチームは、放っておくとそれぞれ反目しあってしまいます。結果が出ずに苦労している前者のチームからは、既存のビジネスの強みの洗練を行っているチームに対しては、「どうせ、今あるビジネスを回しているだけでしょ」と文句が出てきます。その反対も同じです。「あいつらは、遊んでいるばかりで、何も生み出していない」という心無い声が、新規性の高い探索を行うチームに届くこともあるでしょう。

互いに反目しあう状況は生産的ではなく、望ましくありません。足を引っ張り合ってしまうこともあるでしょう。しかし、それぞれの役割は補完的であり、競争しているわけではありません。だからこそ、それぞれの組織が反目しあわないように、明示的に「両方とも大切」というメッセージを繰り返し送ることは大切です。

第5章

誰がイノベーションを生み出すのか

これまでは、イノベーションの基本的な性質を考えたうえで、組織について考えてきました。この章では人に焦点を当てて見ていきましょう。

アントレプレナーシップという言葉を聞いたことがある方は多いと思います。イノベーションを生み出す人は、アントレプレナーと呼ばれています。アントレプレナーにシップ（〜のあり方）という接尾語がついたものが、アントレプレナーシップです。

アントレプレナーシップが高い人はどのような人でしょうか。野心に満ちあふれている人、失敗にめげない人、人を巻き込んでいくようなカリスマ性がある人などが一般的なイメージかもしれません。あなたのアントレプレナーシップの程度は高いでしょうか。

アントレプレナーシップは、起業という点から研究されてきました。起業は、ビジネスのために新しく組織をつくるので、アントレプレナーシップの高い人の典型的な行動の一つだと考えられてきたからです。本章では、前半は起業を通じてアントレプレナーシップを見ていきましょう。後半では、組織でイノベーションを生み出すうえで重要な人物について考えていきます。

1　アントレプレナーシップが高いのは誰

アントレプレナーシップとは、「現在コントロールできる経営資源にとらわれることなく、ビジネス機会を追求する程度」です〈アントレプレナーシップをもう一歩踏み込んで考えたい方は、清水洋（2022), Bygrave and Zacharakis (2008）などがお薦めです〉。もしも、良さそうなビジネス機会を見つけたとしても、「うちの会社じゃあダメだから」とあきらめるのであれば、アントレプレナーシップの程度は小さいということになります。反対に、ビジネス機会を見つけたときに、それを開拓するために経営資源をどう集めようかと考える人は、アントレプレナーシップの程度が高いということになります。

どのような人がアントレプレナーシップが高いのかについては、イノベーションの研究でも盛んに分析がなされてきました。アントレプレナーシップが高い人の特徴が分かれば、そのような人を選別して採用したり、育成することもできると考えられていたからです。

(1) 性別と年齢

アントレプレナーシップは、性別と年齢で大きく違いがあります。性別から考えていきましょう。新しい企業を起こしてビジネス機会を開拓するという点で見ると、世界の多くの地域で男性の方が女性の起業家の数を上回っています。数だけではありません。起業した企業の収益性や成長性といった成果で見ても、男性の起業家が上回っています。女性の起業家のビジネスの方が規模が小さく、成長性が低く、外部からの資金調達も小さいのです。つまり、女性よりも男性の方が、現在コントロールできる経営資源にとらわれることなく、ビジネス機会を追求しているのです。

ただし、これには大きな注意が必要です。この差は、アントレプレナーシップという点で女性よりも男性の方が優れていることを意味するわけではありません。

女性が男性に比べて新しいビジネス機会を追求する程度が小さいということは、女性が不利な立場にあることを意味しています。ビジネスの教育や経験を積む機会が制限されていたり、ビジネス機会を開拓するうえで必要な経営資源へのアクセスが限られていたりします。さらに、男性や女性といった性別ごとの社会的な役割期待の存在が、女性がビジネス機会を積極的に追求することの妨げになっています。アントレプレナーシップが生来的に性別によって規定されていることを示す実証的な証拠は、今のところありません。

年齢はどうでしょうか。アントレプレナーシップは、加齢とともに低下していくことが観察されています。なぜ、若い人の方がアントレプレナーシップの程度が高いのでしょうか。若い人の方がとれるリスクが大きいという点は重要です。年齢を重ねるとともに人生設計が進んでいきます。そのため、大きな変動は避けたいところです。だからこそ、成果の分散がとても大きい新しいビジネス機会の追求はしにくいのです。

若い人は自分が何がやりたいのか、何が得意なのか、どのようなビジネス機会なのか、経営資源が調達できるのかなどについて認識が曖昧だという点もあるでしょう。若気のいたりということもあるかもしれません。

「シニアはダメだ」と判断する前に、注意点が一つあります。基本的には若い人の方がアントレプレナーシップが高いのですが、世代によっても異なっている点には注意してください。世代によって受けた教育や持っている価値観も違います。さらにそれぞれの年齢で直面している環境も違います。現在、若い人のアントレプレナーシップが高いとしても、それは現在の若い人にとって新しいビジネス機会を追求しやすい環境が整っていることを反映しているだけかもしれないのです。

(2) 心理的な特性

アントレプレナーシップの高い人たちの心理的な特性（アントレプレナーシップ・オリエンテーションと呼ばれています）についても研究がされてきました。そこでは、どのような人が自分で新しく組織をつくり（起業し）、ビジネス機会を追求するのかが分析されてきました。そこで頑健性が高く確認されてきたのは、次のような特性の高い人でした。

① 自律性への欲求の強さ：自律的に仕事をすることを好む人はいます。組織的な制約があったり上司から細かく管理されるのを好まなかったり、自分で設定した目標を、自分のやり方で進めたいと思う人です

② 達成への欲求の強さ：達成感は誰にとっても大切ですが、これを特に渇望している人はいます。何かをやり遂げたいという欲求が強い人です。達成欲求の高い人は、自分で目標を設定し、自らのやり方でそれをやり遂げたいと考えています

③ 支配への欲求の強さ：コントロールされることを嫌う人もいる一方で、コントロールしたいという欲求を強く持っている人もいます。自分を含めて、多くのモノゴトを自分のコントロールの下に置き、仕事を進めたいと考える程度です

皆さん、ご自身で当てはまるものはあったでしょうか。これらの三つは、新しい組織をつくってビジネス機会を追求しようとする動機づけを高めるものです。

新しい組織をつくったとしても、ビジネス機会の追求に成功するとは限りません。いくら動機づけが高かったとしても、資質が高くなければ難しいでしょう。資質面では次の七つの心理的な特性が重要だと考えられています。皆さん、自分がどの程度当てはまるかを考えながら見てください。

①　自己効力感の強さ：「自分は成功する」という自己認識の強さです。自己効力感が高い人は、自分のアイディアに対する自信が強く、それを実現するために多くの時間や努力を投入します

②　リスク許容度の高さ：リスク許容度の低い人は、高いリスクをとることを避けるため、不確実性の高いビジネス機会の追求を避けます。その反対にリスクの許容度が高い人は、リスクが高いと考えられているビジネス機会でも追求する傾向が高くなります

③ 創造性の高さ：創造性とは、新しくて有用なものを構想する力です。また、創造性が高い人は、それを活かして、何か新しいものを創りたいという動機も強くなります

④ 積極性の強さ：自分から主体的に行動することを好む程度です。何か変化が起きたときにそれに対して反応するのではなく、むしろ先に自らが変化を起こすことを好む人はアントレプレナーシップが高いのです

⑤ 競争性の高さ：日本語で競争的というと人を蹴落としたり、勝利のために手段を選ばないといった良くないイメージもあるかもしれません。しかし、ここでは、そのような悪いイメージはなく、成功や他よりも優れているということを証明するために努力を惜しまないというものです

⑥ 忍耐力の強さ：新しいビジネス機会を追求するプロセスには、失敗がつきものです。そのため、目的を達成するためには、根気や忍耐力が必要になります。根気や忍耐力の強さは、ビジネス機会の追求を継続できるかどうかに影響します

⑦ 楽観主義の高さ：これは心理的な特性というよりも、認知的なバイアスと考えられるものです。ビジネス機会を追求する人は、そのリターンに対して、過度の見積もりをしている可能性があります

(3) 心理的な特性が高い人が本当に大切なのか

これまで見てきたような心理的な特性と新しいビジネス機会の追求、あるいは起業の間には、正の相関が見られてきました。相関とは、一方が変化すれば、他方も変化する関係です。正の相関が見られているということは、上記の心理的な特性が高くなれば、アントレプレナーシップの程度も高くなるということです。

それならば、これらの心理的な特性を高い人を採用、あるいは育成できれば、アントレプレナーシップの高い組織ができそうです。これらの心理的な特性を高められれば、自分のアントレプレナーシップも高めることもできそうです。

しかし、これにはとても大きな注意が必要です。相関関係は、因果関係（原因と結果の関係）とは限りません。もう少し具体的に言えば、これらの心理的な特性が、もともと備わっていたから現在コントロールしている経営資源にとらわれることなく、ビジネス機会を追求していったのか、あるいはビジネス機会を追求していくプロセスのなかで身に付けた特性なのかはよく峻別できていないのです。もしも、ビジネス機会を追求するプロセスのなかで身に付けることもあるとすれば、心理的な特性がアントレプレナーシップを高める効果は過大評価されていることになります。

さらに、第2章で見てきたように、イノベーションにはパターンがあることが分かっています。長期的に見れば、イノベーションが持続的に社会で生み出されてきたのは、十八世紀中頃からです。その前にもイノベーションと呼べるものは生み出されていたのですが散発的でした。

国ごとのパターンもあります。イギリスでは十八世紀中頃からイノベーションは多く生まれましたが、その後なくなってしまいました。アメリカで多くのスタートアップが興隆したのは一九八〇年代に入ってからです。なぜでしょう。たまたまイギリスで十八世紀中頃に、前述のような心理的な特性を持つ人が多く生まれ、その後、生まれなくなったのでしょうか。普通に考えれば、そのような可能性は小さいはずです。

イノベーションを生み出すために、それに適した個人を特定しようという考え方は人気があります。ただし、注意は必要です。この考え方からすれば、イノベーションが生み出せていなかったとすれば、それは「イノベーションのための人材がいないからだ」ということになりますし、イノベーションを生み出せた企業には、「イノベーションのために必要な人材がいた」ということになります。

これは、常に正しい（つまり、反証の可能性がなく科学的には意味のない仮説）からこそ、説得力があるように聞こえるのです。第4章でも見た、最高の組織をつくれば良いという言説と同じ構造です。居酒屋で大いに酔っ払った後の戯言なら良いのですが、これを本当に信じてしまうと、英雄待望論、あるいは、長期的な人材育成の必要性を説いて責任を逃れることにつながってしまいます。

2　起業してビジネス機会を追求する

アントレプレナーシップと聞くと、「ああ、起業のこと？」と思う方もいるでしょう。確かに、新しい企業を起こしてビジネス機会を追求するのは、「現在、コントロールしている経営資源にとらわれることなく、ビジネス機会を追求する」アントレプレナーシップの結晶のようなものです。この点について、ここで少しだけ考えておきましょう。既存企業にいる人にとっても、どのような人材がイノベーションにとって大切かを考えるうえで参考になるはずです。

(1) スタートアップが大切な二つの理由

イノベーションにとってのスタートアップの大切さから考えていきましょう。スタートアップとは、簡単に言えば、ビジネス機会を追求するために新しく設立された企業のことです。スタートアップはイノベーションを促進します。その経路は大きく二つあります。

一つ目の経路は、スタートアップが新規参入企業であるという点です。新しい企業ですから、当然です。ビジネスに新規参入があると、そこでの競争が激しくなります。既存企業もうかうかしていられないのです。競争が激しくなりますから、淘汰の圧力がかかるのです。もしも、スタートアップのビジネスがうまくいかなかったとしても、イノベーションを促進してくれるのです。

二つ目の経路は、スタートアップは既存企業には追求できないようなビジネス機会を開拓するというものです。既存企業では追求できないようなビジネス機会とはどのようなものでしょうか。これは大きくは二つあります。

一つ目は、市場が小さすぎるものです。既存企業の規模が大きくなればなるほど、固定費も大きくなります。それをカバーする売り上げの大きさが必要になります。そのため、小さいビジネス機会の開拓は難しいのです。しかし、当初からそれなりの売り上げ（例えば百億円以上）が見込めるビジネス機会は多くはありません。だからこそ、固定費の小さな新しい企業を設立してそのビジネス機会を開拓する意味があるのです。

二つ目は、既存企業の現在の戦略に沿わないものです。例えば、企業が掲げるミッションとかけ離れていたり、現在の競争力の源泉を陳腐化する可能性があるビジネスなどには、投資はできません。

このように、スタートアップは、競争を促進したり、破壊的なイノベーションの担い手になるため、イノベーションにとって大切なのです。スタートアップがそれぞれ新しいチャレンジを行うので、社会的に見ればロングテールの試行錯誤が行われているとも言えます。

(2) 起業は経済的に合理的なのか

それでは、どのような人が起業を選択するのでしょう。これには、一つ謎がありました。起業しても儲からないのです。職業選択において人々が考えるのは、起業しようか、就職して従業員として働こうかという選択です。起業するとどのくらい所得が増えるのかは、誰でも知りたいところです。そのため、研究が多くされてきました。

そこで繰り返し発見されてきたのは、驚くべき事実だったのです。起業する方が従業員として働くよりも所得が低かったのです〈例えば、Brock, et al.（1986）, Rees and Shah（1986）, Borjas and Bronars（1989）, Hamilton（2000）などで繰り返し観察されています〉。起業した人の所得の分散は、従業員として働く人の所得の分散よりももちろん大きくなります。成功すれば大きな所得を得られるのですが、ほとんどの人はそうはなっていないのです。そのため、平均すると所得は下がっているのです。

儲からないのに、なぜ、起業するのでしょうか。この謎を解くと考えられていたのは、起業の中身です。起業と言っても、その中身はさまざまです。自分の好きなジャズをかけて、美味しいコーヒーを提供するこぢんまりとした喫茶店を開業する人もいるでしょう。節税のために会社を設立する人だっています。もちろん、最新の研究開発の成果を使って世界中に新しい製品やサービスを届けようとする人もいます。

実際に、起業の確率をスキル別に見てみると、人のスキルと起業という選択の間のU字型の関係が、さまざまな国や地域で見られています。つまり、起業するのは、スキルが低い人たちとスキルが高い人たちが多いのです。スキルに伴って、起業の中身も違うはずです。

スキルの低い人は、従業員として働いた場合に得られる所得もそれほど高くありません。そのため、それほど魅力的ではないビジネス機会も追求します。反対に、スキルが高い人は、もしも従業員として働いた場合に得られる所得は相対的に高くなります。そのため、それを上回るリターンがあると期待できるビジネス機会でなければ、わざわざ起業して追求しようとはしないでしょう。

さまざまな起業を十把一絡げにして、そこから得られるリターンを計算すると、平均的には低くなるのは当然です。そこで、スキルが高い人たちの起業だけに分析を限ったり、前職の所得を考慮に入れたりして分析が繰り返されました。しかし、それでも、起業による所得の増加はほとんどなかったり、むしろマイナスになっていることが繰り返し見られてきました〈例えば、Hamilton (2000), Åstebro, et al. (2013) などが代表的なものです〉。

現在では、起業してビジネス機会を追求しようとする人の多くは、経済的な動機ではないものに突き動かされていると考えられています。新しい製品やサービスで社会を変えたい、あるいは自律的に仕事をしたいなどといった非経済的な動機です。あるいは、自分は成功するという自信（おそらく過信かもしれません）があるのかもしれません。いずれにしても、（経済的には合理的に行動していない）クレイジーな人たちが、重要なスタートアップの担い手なのです。

3　組織内でイノベーションに必要な人

起業するかどうかで悩んでいるとすれば、まず、得られる所得の期待値は、従業員として働く方が高いことは心に留めた方が良いでしょう。もしも、起業の動機が主に経済的なものにあるとすれば、やめた方が良いということになります。

起業を選択しているのは、繰り返しですが、「自分が展開するビジネスで社会は良くなる」「自分の人生なのだから、自分の好きなように働きたい」あるいは、「大きな成功を手にしたい」などと心から思う人と、それらに対して楽観的な人だと言えます。違う言い方をすれば、内的な動機づけが強い人たちです。やめろと言われても（むしろやめておけと言われる方が）、どんどん突き進んでいく人たちです。

(1)　内的な動機づけの高い人の大切さ

このような人は、起業という選択だけでなく、社内でイノベーションを生み出すうえでも極めて重要です。オーナーシップが高く、内的動機づけが高い人が貴重な人材なのです。この点からすると、「イノベーションを起こせ！」という指示は意味がありません。意味がないどころか、むしろ、新規性の程度を削いでしまうような指示出しです。

なぜでしょう。内的動機づけが高い人でなければ、探索を途中でやめてしまうのです。大切なポイントなので丁寧に考えましょう。動機づけ（モチベーション）には二つの種類があります。外的動機づけと内的動機づけです。

外的な動機づけとは、経済的な報酬や社会的な承認など自分の外から与えられるものによる動機づけです。仕事ですから給料は重要ですし、人間ですから他の人に認められることも大切です。内的動機づけは、自分の内からのものです。お金がもらえたり、誰かから褒めてもらえたりするからやることではありません。それをやること自体が好きなのです。

例えば、生活のためにあまり好きではない仕事をしている場合は、外的な動機づけの程度が多いということになります。趣味は、内的動機づけの程度が多いものです。私はテニスが好きですが、試合に勝っても賞金がもらえるわけでも、誰かが褒めてくれるわけでもありません。それでも、どうにか時間をつくってはテニスをやるのです。

それぞれの動機づけは、完全に相反するものではなく、同時に存在しうるものです。生活しなければならないので、仕事の場合には、金銭による報酬は不可欠です。しかし、それと同時に、やりがいのある仕事であれば、内的にも動機づけられます。

イノベーションを生み出すうえでは、内的動機づけが極めて大切です。新規性の高い探索をしないといけないからです。外的動機づけが高い人は、自分が満足する報酬や承認が得られると思ったところで探索をやめてしまいます。もしも、探索をしたとしても、自分が満足する報酬や承認が得られない（目標設定が高すぎる）と思えば、そもそも探索をしようとはしません。

また、外的な動機づけは、他の人からの評価に依存すると言えます。チャレンジしようとすることの新規性が高ければ高いほど、当初から多くの人に評価されるようなことはありません。新規性が高ければ、当初は多くの人には理解されません。むしろ、反対する人の方が多くなるほどです。だからこそ、外的動機づけが高い人は、多くの人が理解できるであろうと思うところをターゲットにします。

「イノベーションを起こせ！」と指示されたから、やり始める人は典型的に外的に動機づけられている人です。これでは、新規性の程度は上がりません。

内的動機づけが高い人は、どんどん自分で突き進んでいきます。「もうやめろ」と言われても、「もっと良いやり方があるはず」と試行錯誤を続け、探索を進めるのです。そして、他の人の評価など（それほど）気にせずに進んでいけるのです。ときには我を忘れて突き進んでいきますから、マネジメントが難しいということもあります。自分勝手にどんどんある方向に進んでいってしまう傾向があるので、グループの効率性を落としてしまうこともあります。しかし、探索の広さや深さは、新規性を高めるためには不可欠です。

(2) 邪魔せず、サポート

イノベーションを生み出すうえでは、内的動機づけの高い人は大切です。インセンティブという点では外的動機づけも必要ですが、それだけにも頼れません。個人としては、内的動機づけの高いところに自分の身を置くようにすることも大切です。

さらに、イノベーションを生み出そうと考える上司としては、メンバーの内的動機づけを高めることは大切です。これはリーダーの役割です。新規性の高いイノベーションが求められている部門のリーダーの重要な役割は、部下たちの進捗管理や評価などではありません。メンバーの内的な動機づけを高めることにあります。メンバーが共感できるビジョンを掲げることは、リーダーの重要な役割です。もし、それができなければ、リーダーとしては力不足です。イノベーションは、やらされ仕事ではなかなかできないのです。

自分は今の仕事にそれほど高い内的動機づけを持っていない人もいます。内的動機づけは、好きという感情を含みます。感情ですから、「好きになれ」とか「好きじゃなくなれ」と人に言われても、そのように自分の感情をコントロールすることはできません。さらに、組織内のメンバーの多様性が高くなれば、多くの人を同じ方向に内的に動機づけるのは簡単ではありません。人の内的動機づけを高めるのは簡単ではないのです。

それでは、自分が現在のタスクに高い内的動機づけを持っていなかったり、高い動機づけを持っているメンバーがあまりいない場合にはどうしたら良いのでしょう。ぜひとも、高い内的動機づけを持っている人の邪魔をしないでください。そのような人のやる気を削ぐようなことはしないでください。人間ですから、「どうせうまくいかない」と言われ続ければやる気がしぼんでしまいます。

また、内的動機づけが高い人をサポートする仕組みも大切です。この点で、第5章で見てきた、コストや知識プールは大切です。チャレンジをしたいと思っている人たちのコストを低めてください。新しいチャレンジの邪魔になるような無用なルールをつくらないでください。最新の知識プールへのアクセスを用意してください。

4　クレージーで内的動機づけの高い人を活かすマネジメント

ここまで、個人について考えてきました。アントレプレナーシップが高いのは、自分の成功を信じていたり、新しい製品やサービスで社会を変えたいという思いに突き動かされていたり、あるいは自律的に働きたいと考えている人だということを見てきました。また、所得や社会的な承認欲求などの外的なものに動機づけられているのではなく、内的に動機づけられている人こそが幅広い探索（つまり、ロングテールなチャレンジ）には重要だということになります。

ここからは、話を少し組織に戻し、そのような人材をどのように組織的に活かしていくのかを考えていきましょう。

(1)　イノベーションを目標にしない

まず、本書を読まれている方は、「イノベーションを生み出そう」と思ったり、「イノベーションを起こせ」と言われたりしている方が多いはずです。ミッションや中期経営計画などの目標にイノベーションを掲げている組織もあります。これは、イノベーションという考えが日本企業にも浸透してきたと考えることもできます。

ただ、イノベーションを目標とするのには、注意が必要です。イノベーションに対する成果主義の程度を大きくして、成功に対する報酬を多くすると、せっかくの内的動機づけが高い人がいなくなってしまう可能性すらあります。内的動機づけが高い人に、外的な動機づけを与え続けていくと、徐々に大切な内的な動機づけが下がってしまうのです。そもそも、「イノベーションを起こせ！」と言われたからそれに取り組もうと考える人は、クレイジーでも内的動機づけが高いわけでもないかもしれません。

さらに、イノベーションはあくまでも課題解決の結果です。本来、目標に掲げたいのはイノベーションではなく、解決する具体的な課題です。これがないのに、イノベーションを目標にするのはまるで、「チャレンジする課題は何だか分からないけど、新しいやり方でそれを解決して、経済的な価値を生み出します」と言っているようなものです。

イノベーションは結果なのであれば、それを目指して何が悪いのかと思う方もいるでしょう。イノベーションは、「イノベーションを生み出そう！」と考えて生み出されるというよりも、課題に対する新しい解決の結果としてイノベーションになるのではという気はやはりしますが、それはこの際少し横に置いておきましょう。イノベーションが目標になったとしても、きちんと、それを目指してくれれば良いでしょう。

しかし、イノベーションが目標になると、組織のなかで困ったことが起こりがちです。組織のなかで計画的にイノベーションを生み出そうとしても、うまくいくことばかりではありません。組織の目標にしてしまい、その達成が短期的に求められると、ついつい、どうすればイノベーションの成果っぽく見えるかを考えるようになってしまいがちです。特に外的に動機づけられている人が多ければ、この傾向は高くなるでしょう。目標との帳尻合わせが始まってしまうのです。社内で、最近、イノベーションっぽく見えることばかりを追っていませんか。

(2) 野心的なビジョンと目標

イノベーションを目標にしないとすれば、どうすれば良いのでしょう。ビジョンとそれを達成するための具体的な目標が大切です。これは、これまでにも繰り返し指摘されてきたことですが、確かにとても大切なのです。

その理由は大きく二つです。一つ目は、不確実な状況に意味と秩序を与えるからです。政府や企業家の大切な役割の一つに、不確実性を取り除くことがあります。不確実性は、ビジネスを行ううえでは避けたいところです。不確実性がなくなるまでは、静観しておこうという判断が増えます。経営資源動員の正当性の確保ができないからです。

政府や企業家が示すビジョンやそのための目標は、不確実性が高かった状況に意味を与えます。向かうべき方向を提示することで、人々は何をすればどうなるのかを把握できるようになるのです。その意味が共有されると、人々は動き始めることができます。不確実な状況に秩序が生まれていきます。こうなると、経営資源を動員する正当性の確保がしやすくなります。

二つ目は、予言の自己成就というポイントです。ビジョンとそれへの目標を明確に打ち出すことで、人々の行動が変わることがあります。これは、予言の自己成就と呼ばれています。予言をしたことが原因で、人々の行動が変わり、その結果、予言の通りに現実がなるという現象です。予言をしなかったならば実現しなかった現実が、予言をしたからこそ実現するというものです。

この点で、ビジョンや目標を提示する側の自信は大切です。企業家や政府が「本当にこれで大丈夫かな」と疑問を持たれるようなものだと、人々は行動を変えてくれません。向かうべき方向性を与えてくれると、そこに向かって人々は行動し始めるのです。

ビジョンを達成するための目標は、野心的なものがほしいところです。失敗しないために、積み上げ型で到達できそうな目標を掲げれば、目標は到達できるでしょう。しかし、それでは人々は行動を変えてくれません。せいぜい少しだけ頑張るぐらいです。

これでは、新しさはなかなか生まれません。今までの成果と変わりないモノが出てくるでしょう。目標が他社と変わらないようなものであれば、やることも他社と変わらないでしょうから、イノベーションは望めません。

野心的な目標を設定するのに躊躇することも多いでしょう。目標に届かなかったり、大失敗をしたりするのを恐れるのです。そうすると、どうしても、目標設定は曖昧なものにしたがります。ひどければ、達成されているのかどうなのかすらも、分からないような曖昧なものになります。これであれば、誰からも非難されませんから、安心です。これは、まったく違った（困った）意味での心理的安全性です。これではイノベーションを期待できません。

あるクルマ会社は二〇〇七年に、「二〇二〇年から販売する自社の新車で交通事故で亡くなる人をゼロにする」と発表しました。安全なモビリティというビジョンを達成するためのとても野心的な目標です。今までのやり方をしていては到底達成できないような目標です。

このような野心的な目標が与えられると、そこで働く人々は新しいやり方を考えざるを得ません。「何か新しいモノを考えろ！」と言われてもなかなか思いつきません。しかし、これまでのやり方では到底達成できないような野心的な目標があると、自然と私たちは新しいやり方を考えるのです。どこに向かうのかというビジョンによって、進む道のりも違います。

さらに、その目標は、売上高を二倍にしろとか、利益率を三倍にしろなどといった結果として現れる財務諸表上のものではなく、企業のミッションとつながったものが良いでしょう。そうすると、内的動機づけが高い人たちが、さらに高いコミットメントを持って向かってくれるはずです。失敗したとしても、ミッションとのつながりが高ければ、それ自体が会社のミッションを実現する実験の一つになります。

野心的な目標設定は自分でもできます。ぜひ、自分に大きく期待して、野心的な目標を掲げてみてください（誰に言う必要もありません）。自然と、新しいやり方を考えるはずです。もし、失敗したら？　原因を分析して、しれっと次のチャレンジを始めれば良いのです。

(3)　みんなで協力してという幻想

「どうも、みんなでイノベーションを生み出していこう！　という雰囲気にならない……」

という声をよく聞きます。全員で一致団結して新しいことにチャレンジする雰囲気ではないというのです。やる気のある人がいる一方で、反対する人もいるかもしれません。熱心に議論して、反対してくれるのであればまだ良いかもしれません。批判だけする人や無関心な人がいると冷めた雰囲気になってしまいます。このような雰囲気になってしまうと、せっかく新しいことにチャレンジしようとしている人たちのやる気も萎えてしまいます。

新しいことにみんなで協力してチャレンジするのは美しいのですが、ここを目指すのは現在ではコストがかかりすぎます。入職者への厳しいスクリーニング、強力な企業文化の構築、高い離職率などを覚悟しなくてはなりません。以前の日本企業では、比較的多くの人が協力して新しいことに取り組みやすかったのです。現場の生産性を上げるQCサークルはその代表例です。

しかし、現在では、それが難しくなっています。なぜでしょう。

第一の理由は、転職を視野に入れる人の割合の高まりです。

一九六〇年代から九〇年代にかけて、長期的な雇用慣行を前提としたフルタイムで働く人たちが組織で重要な役割を担っていました。終身雇用の下、よほどのことがない限り転職はしないと考えて、働いていたわけです。そうすると、自分の生涯獲得賃金を上げようとすれば、その会社の業績が上がることが必要です。会社の利害と働く人の利害が自然と一致していたのです。

現在では、日本でも少しずつ外部の労働市場が機能し始めました。転職がしやすくなってきました。そうすると、企業の利害と働く人の利害が自然と一致することが以前と比べると少なくなります。

第二に、働く人の多様性が上がってきています。

これまでは、長期的な雇用慣行を前提としたフルタイムで働く人が、企業のなかで重要な意思決定をしてきました。その人たちは、日本人の男性がほとんどで、スキルや経験といった点でも同質的でした。さらに、前述のように外部の労働市場がそれほど発達していなかったため、転職はそれほど頻繁ではありませんでした。

その代わり、社内での昇進競争がありました。社内で昇進するためには、高い成果を上げることが大切です。ただ、スキルや経験でそれほど差はない人たちです。高い成果を常に残せるとも限りませんし、誰かがより高い成果を上げてしまうと困ります。

そうすると、どのようなことが起こるでしょう。会社へのコミットメントを示す競争が起こってしまうのです。簡単なコミットメントの示し方は、長時間労働です。同僚よりも少しでも長く働くことで、自分の努力投入の多さをアピールするわけです。換言すれば、長時間労働をできる人だけが基幹的な意思決定を行い、都合で長時間働けない人たちを事実上、締め出していたのです。そもそも、全員が協力してと言ったときの、全員の範囲がかなり限られたメンバーシップだったのです。

現在でも、長時間働くことによるコミットメントを示す競争がなくなったわけではありません。しかし、外部の労働市場が機能し始めたことにより、少しずつ働く人の多様性が出てきました。スキルや経験の多様性が増すと、新しい情報、知識や考え方が組織に入ってきます。これは、イノベーションにとっては大切です。ただ、価値観や働き方などの多様性も増してくるなかで、全員が同じ方向を向き、賛成して、新しいプロジェクトを行うことは難しくなります。

(4)　コンセンサスからコミットメントへ

それではどうしたら良いのでしょうか。新規性の高いプロジェクトを行うためには、まずは、全員参加で行おうとせず、ぜひとも、プロジェクトを立ち上げ、専任のメンバーを少数選んでください。小さいチームが良いのです。

経験は確かに重要です。特に、状況が過去と同じようなものであれば、豊富な経験は大いに意思決定の役に立つでしょう。スキルは最新のものではないけれど、経験は豊富な人は、ぜひとも、市場が成熟して大きな変化が見られなくなったカネのなる木に配置してください。新規性の高いプロジェクトにはそぐいません。むしろ、このような人とは反対の人に任せなければなりません。

つまり、経験はあまりないけれど、スキルはピカピカにアップデートされている人です。最先端のスキルを活用しないと、新しいモノゴトは生み出せません。知識のバウンダリーを広げるようなものにこそ、新しさがあるのです。「思いつき」で新しいモノゴトが生まれることもあるでしょう。しかし、思いつきに頼っていては、組織としては脆弱ですし、多くの「思いつき」は、既に他の人も思いついているようなものです。

もちろん、年齢だけで決めてはいけません。若くても、ちっとも自分に投資をしない人もいるでしょうし、シニアでも、スキルは新しく、まったく陳腐化していない人もいるでしょう。

大切なポイントは、アップデートされた最新のスキルや知識を活用することです。この点で、スキルアップの投資が安価に行えるようになることは、少子高齢化社会ではとても大切です。投資が小さければ、回収期間が短くても投資をしてくれる人は多くなります。もしも、年功序列的なマネジメントを保持したいのであれば、シニアのスキルアップは必須です。

COFFEE BREAK

少子化と年功序列の悪いセット

これまでの日本的なマネジメントを大幅に変えなくてはならないポイントがあります。少子高齢化に伴って、従業員の平均年齢が徐々に上がっています。イノベーションを生み出すという観点からすると、これはやっかいです。少子高齢化とこれまでの日本的経営の特徴の一つの年功序列制は、組み合わせとしては相性が良くないのです。

年功序列的なマネジメントを維持したまま、働く人の平均年齢が上がると、陳腐化したスキルでビジネスをしなければならなくなるのです。考えてみてください。若いビジネスパーソンとシニアのビジネスパーソンでは、どちらの方が自分のスキルのアップデートに投資をするでしょうか。大学院に行って最新のスキルを身につけたり、新しいプログラミングを習得したり、新しい技術の勉強をしたりするのは若い人です。

この理由は単純です。自分に対する投資の回収期間が若い人の方が長いからです。だからこそ、若い人の方が自分のスキルのアップデートに大型の投資をするのです。シニアになればなるほど、自分への投資をしたとしても回収期間が短いので、大型の投資をするインセンティブは小さくなります。

社内の従業員の平均年齢が上がっているのに、年功序列的なマネジメントを維持していると当然、意思決定をする人の年齢も上がります。その場合、スキルはアップデートされておらず、経験のみが頼りの人の意思決定になります。

兼任ではないという点は大切です。組織のスラックは、イノベーションには大切です。「専任で人をとられたら、その人がいた部門の仕事が大変だ！」という場合には、まずは、人員を減らしたとしても、同じ業務量を同じ質で行う（もしくは、もっと多くの業務量をより高い質で行う）新しい方法を考える方が良いかもしれません。

意思決定をコンセンサスを基礎としたものから、コミットメントを基礎としたものへと変えていくことも大切です。全員のコンセンサスで行うプロジェクトの新規性は高くならないからです。新規性の高いプロジェクトであれば、必ず反対意見が出るはずです。組織のメンバーの多様性が増してくればなおさらです。

コンセンサスを意思決定の基本にしていると、どうしても新規性は小さくなってしまいます。仕事としてやらされている人ではなく、内的動機づけが高く、自分からドンドン進んでいくコミットメントの高い人に意思決定を任せることが大切です。そのような人たちには、前述のように「イノベーションを起こせ」と指示するのではなく、野心的で具体的な目標を与えることを忘れないでください。

第6章

新しさを経済的価値に転換するための戦略

新しいものを生み出せば、それが経済的な価値を生み出すというほど単純ではありません。生み出したものが良いものであればあるほど、多くの企業が模倣を試みます。模倣されてしまっては、企業は経済的な価値を獲得できません。

違う言い方をすれば、優れた新しいモノゴトを生み出し、それをそのまま市場に出すと、消費者余剰が増えます。良いものが安く手に入るようになるので、消費者が得をするのです。消費者にとってはありがたいですが、企業にとっては困ります。

企業はイノベーションを生み出すための投資をする主体です。そのため、企業が経済的な価値を獲得することは、次のイノベーションを生み出すためにも大切です。経済的な価値を生み出すための戦略はさまざまです。これは、経営学のなかでもいわゆる戦略論と呼ばれている領域で議論がされてきました。読みやすい入門書も多く出版されています。一般的な戦略について概観したい方は、ぜひそちらを参照してください〈ちなみに、戦略を考えたい方は、まずはこちらの3冊がお薦めです。沼上（2009）、網倉・新宅（2011）、加藤（2014）〉。本書はイノベーションがテーマですから、新しいモノゴトから経済的な価値を生み出すための戦略に焦点を絞って見ていきましょう。

1　経済的な価値につながる新しいモノゴト

新しければ、どんなものでも経済的な価値に転換できるわけではありません。確認したい点が二つあります。これは、新しいモノゴトを生み出すうえで考慮に入れたいポイントです。それは、新しいモノゴトが、①顧客が享受する価値を規定しうるものなのかと、②自社のビジネスの価値を規定するものをなくせるのかです。両方とも考え方は同じです。価値を規定されることなく、規定したいのです。これだけだとよく分からないので、それぞれ見ていきましょう。

(1)　顧客が享受する価値を規定するモノゴト

キーワードは、ボトルネックです。ボトルネックとは、ワインのボトルの注ぎ口のように細くなっている部分です。ボトルの一部を細くすることにより、そこを通るワインの量を制限しています。これにより、大量のワインが一気にグラスに注がれることがないようにしています。

図表 6-1　社内のボトルネック工程

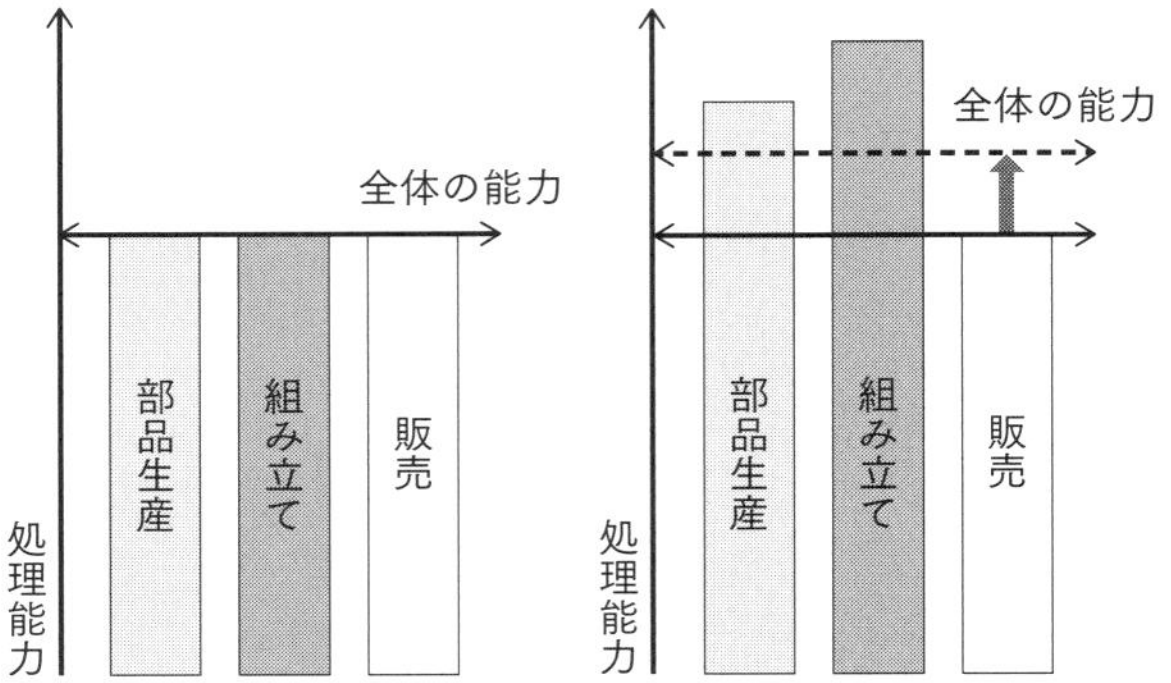

［出所］　筆者作成

ボトルネックとは、このようにシステム全体の生産性を左右する部分のことです。ワインではなく、ビジネスの文脈でのボトルネックについて理解するために、社内の業務のプロセスを例に考えてみましょう。

単純化のために、社内には、部品をつくって、最終製品に組み立てて、販売するという三つのプロセスがあると考えてみましょう。図表6－1は、これら三つのプロセスを表しています。縦軸はそれぞれの処理能力です。

図表6－1の左の図のように工程間の処理能力にばらつきがない場合は、全体の生産性はそれぞれの処理能力の上限で決まります。しかし、このような場合は実際にはほとんどなく、右の図のように処理能力にばらつきがあります。

この例では処理能力は、組立が最も高く、販売が最も低い。この場合、販売能力がボトルネックです。部品生産や組立がフル操業すると、販売しきれずに社内に在庫が溜まってしまいます。全体の能力は、販売力によって規定されています。

この場合、全体の能力を向上させるためには、販売能力の向上が不可欠です。つまり、新しいモノゴトが販売能力の向上に結びつくものであれば経済的な価値につながりますが、部品生産や組立の生産性を向上させるような新しいモノゴトは、経済的な価値には結びつきにくいのです。ボトルネックの解消につながっていないからです。

この例は、社内のボトルネックについてでしたが、社外についても同じです。顧客は、ある企業から製品やサービスを購入して、それ単体で価値を享受することはほとんどありません。補完的な製品やサービスと組み合わせて、価値を享受します。

今、皆さんの会社はビデオカメラをつくっているとしましょう。皆さんの顧客は、ビデオカメラを買って、それで動画を撮っておしまいということはありません。動画は大きな画面に映して見るでしょう。また、SNSなどで友達と共有して楽しみます。つまり、ディスプレイでの拡大やインターネットの通信などといった補完財と組み合わせて、顧客は価値を享受するのです。

図表6-2　補完財の間のボトルネック

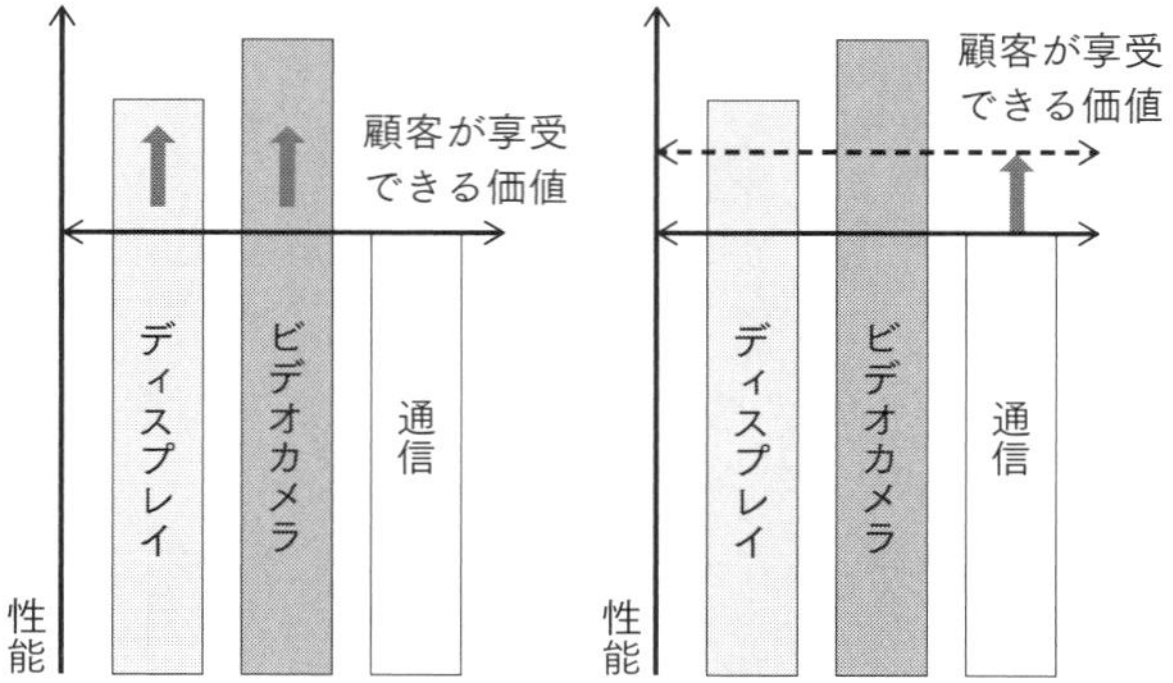

［出所］　筆者作成

これはBtoCだけでなく、BtoBでも同じです。BtoBでは、複数の供給業者から異なる原材料や中間製品、サービスを調達し、それと自社の経営資源を組み合わせることによって、自らの製品を生み出しています。

図表6―2は、これらの三つの補完財とその性能を描いています。これはあくまでも例であり、現実面でそれぞれの相対的な機能がどうなっているかを表しているものではない点には注意してください。

ビデオカメラの性能は素晴らしく、ディスプレイも悪くない。しかし、インターネットのスピードが遅くて（あるいは動画を圧縮するソフトの性能が悪くて）、二時間の動画をそのままSNSで共有したり、メールで送ったりすることが難しいという場合を考えてみましょう。

この場合、高画質・高音質の動画が撮影できるビデオカメラを買ったとしても、どんなに綺麗なディスプレイを買ったとしても、顧客が享受できる価値はインターネットのスピードの上限で規定されてしまいます。ここが顧客の価値を決めるボトルネックです。

この場合、ビデオカメラやディスプレイのメーカーが機能を向上させたとしても、顧客にとってそれは大きな意味を持ちません。いくら美しい動画や綺麗な音が撮れたとしても、「うちのビデオカメラで撮れる動画は質が違うんです！」と宣伝しても、享受できる価値はそれほど上がらないからです。

このような場合、ディスプレイやビデオカメラの高機能化に経営資源を投じても、大きな経済的な価値にはつながりません。図表6－2の左側の図の矢印のように、性能を向上させていったとしても、それは、顧客にとってはオーバースペックの部分です。顧客調査を行うと「あなたの会社のビデオカメラは、優れた性能で良い」と答えてくれるかもしれませんが、支払意思額はなかなか上げてくれません。もちろん、同業のライバル企業との競争があるので、性能は上げていかざるを得ないのですが、そこへの経営資源の投入は大きな価値は生まないのです。顧客が享受できる価値を規定していないからです。

その一方で、この例では、インターネットのスピードが少しでも上がれば、顧客が享受しうる価値は上がります。顧客はそこには大きな対価を払ってくれるのです。

新しいモノゴトがボトルネックを解消しているのかが、ポイントです。社内、あるいは顧客にとってのボトルネックを解消するようなものではなかったとすれば、いくら新しいモノゴトを生み出しても、大きな経済的な価値を期待することは難しいのです。

(2) 自社の収益性を規定するものをなくすモノゴト

二つ目のポイントを見ていきましょう。それは、新しいモノゴトが自社の収益性を規定するものをなくすものかどうかです。

皆さんの会社の利益は誰に奪われているでしょうか。奪われていると言うと、少し言葉が強いかもしれません。例えば、こう考えてみてください。もっと高い価格で顧客に買ってもらえないでしょうか。

もしも、顧客が高い価格で買ってくれていないとすれば、良いものでも安くしないと売れないのですから、新しいモノゴトの経済的な価値は消費者の取り分（消費者余剰）が多くなっていることになります。もっと安い価格で原材料を調達できないでしょうか。できていないとすると、供給業者に利益を奪われています。

ここでは、供給業者について考えてみましょう。特定の供給業者からしか原材料を調達できないような場合は、典型的に供給業者の交渉力が大きくなります。「あなたのビジネスをするのに、私のところから原材料を買うしかないのですよね？」と言われてしまいます。さすがに、そのような意地悪な言い方はしないとは思いますが、足元は確実に見られます。これは避けたいところです。

さらに、避けたいのは、原材料の品質が、皆さんのビジネスの競争力を規定するような状況です。例えば、「コーヒーでリラックス」が好きな人は多いでしょう。香り豊かなコーヒーは、スペシャリティ・コーヒーと呼ばれています。このようなコーヒーを提供する喫茶店は多いのですが、大きな経済的な価値を獲得するのはなかなか難しいのです。

その大きな理由の一つは、スペシャリティ・コーヒーの品質が、コーヒー豆の品質に依存しているからです。もちろん、焙煎器やバリスタの技術なども、コーヒーの品質を左右するでしょう。お店の雰囲気も大切です。それでも、芳醇な香りがひきたつコーヒーは、品質の低い豆からはつくれないのです。

品質の高い豆の供給は限られています。特定の地域でとれる限定的な豆です。さらに天候不順もありますから、安定的に供給されるわけでもありません。このような状況では、コーヒー好きの顧客がスペシャリティ・コーヒーに高い値段を払ってくれたとしても、豆の供給業者（あるいはその商社）が多くをとっていくのです。

これは、先ほどの「顧客が享受する価値を規定している」というポイントの裏返しでもあります。供給業者が提供するものが、顧客（自社）が享受する価値を規定しているわけです。つまり、自社が提供するモノゴトが顧客の享受する価値を決定的に規定するビジネスを構築したいのですが、同じことを供給業者にやられてしまうと困るのです。

特定の供給業者や原材料の品質にできるだけ依存しないビジネスを構築することは、戦略的にとても大切です。焙煎技術を磨き、コーヒー豆の品質によらず質の高いコーヒーを提供できるようにすることは、戦略上重要です。

また、常に複数の供給業者から原材料を調達（マルチプル・ソーシングと呼ばれています）できるようにしておくことも基本です。これによって、供給業者を競争させることができます。特定の供給業者に依存してしまうと、自分がその供給を受けるために競争してしまうのです。競争はできるだけせずに、させることが競争戦略の定石です。

調達するものが差別化されたものである場合には、供給業者を競争させることは難しいです。調達するものが標準化されたものや、もはやコモディティとなっているものの場合には、供給業者を競争させることができます。

ということは、もしも、差別化された原材料を調達している場合に考えなくてはならないのは、原材料を標準化できないかというポイントです。標準化できれば、どこからでも調達ができるようになるからです。供給業者のビジネスの参入障壁を下げることも戦略上の重要な選択肢です。もちろん、自社の製品やサービスを標準化されたり、参入障害を下げられたりして競争させられるのは、供給業者は嫌います。ここには戦略性が必要になってきます。

差別化されたものを調達し続けなくてはならない場合には、その原材料を自社で生産できる能力を構築することも大切です。そうすれば、「あなたのところから買わなくても、自社で生産できるのですよ」と交渉できるわけです。

これらは、すべてイノベーションのための戦略というよりも、一般的な競争戦略の定石です。新しいモノゴトをビジネスに転換していく場合にも、気を配らなければならない基本的なポイントは同じです。新しいモノゴトがこのような戦略に資するものであれば、大きな経済的な価値につながるのです。

2 いつ、始めるのか

新しいモノゴトを生み出し、ビジネスにしていくプロジェクトは、いつ始めるのが良いのでしょうか。「今でしょ！」という威勢の良い考え方もあります。勢いも大切ですが、もう少し戦略的に考えたいところです。元に戻せないような意思決定を行うときほど、タイミングが大切になってきます。ところが、そのような決断をしなければいけないときには、その意思決定に十分な情報がないことが多いのです。だからこそ、考え方の基本を知っておくことは大切です。

(1) いち早く始めるメリットとデメリット

早く始めるメリットは、新しいモノゴトを他に先駆けて生み出せる可能性が高まる点にあります。イノベーションは出し抜き競争という側面もありますから、ライバルよりスタートを早く切ることは大切です。

早期に参入しておくと、経験の蓄積ができます。経験を積むと、学習し、より良いやり方

図表 6-3　経験曲線効果

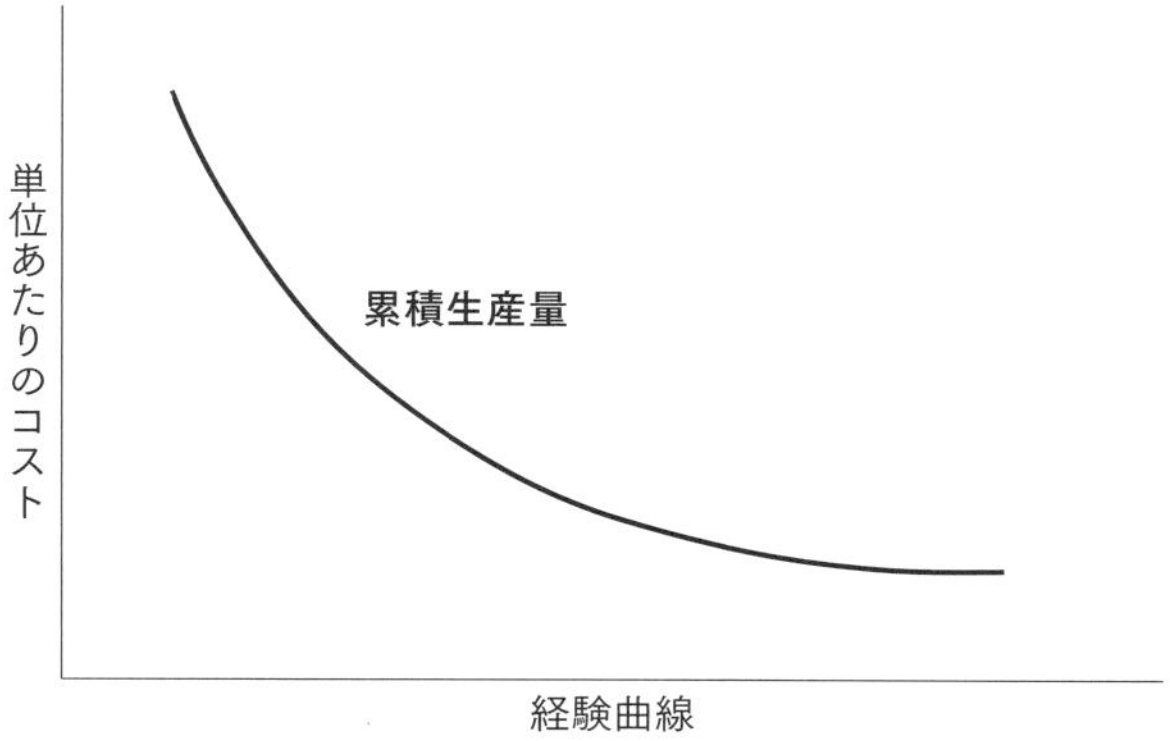

をいち早く試していけます。実際に、図表6－3のように、累積の生産量が増えると、それに伴ってコストが下がっていくことが分かっています。大きな改革などを何もしていないのに、コストが下がっていったのですから、最初にこれが観察されたときには大きな驚きだったことでしょう。

コスト低下の理由は簡単です。実際に経験したからこそ、細かな改善ができるようになるのです。これは経験曲線効果と呼ばれています。累積的なイノベーションの成果です。累積的なイノベーションを生み出すうえでは、早くから始めていた企業の方が有利です。後から参入した企業は、経験曲線効果という観点からすれば、ハンデを背負っているのです。

他社よりも先駆けていれば、経験曲線効果を通じてコストが下がることを見込んで、最初から他社が入ってこられないような低い価格づけでビジネスをすることも可能です。最初は赤字になってしまう価格づけでも、累積生産量が上がっていくと、他社よりも早く黒字転換できるのです。さらに、早い時期に始め、他社に先駆けて新しい製品やサービスを市場に出せれば、先行者優位性を獲得できる可能性があります。この点については次節で詳しく見ていきましょう。

基本的には、早く始める方が良いのですが、それにはデメリットもあります。一番のデメリットは、陳腐化のリスクです。チャレンジしているものの新規性が高ければ高いほど、不確実性が高くなります。いち早く始めたプロジェクトが「正解」かどうかは、事前には分かりません。実はもっと良いやり方があったということが、事後的に分かることもあります。これが陳腐化するリスクです。優れた製品やサービスができたと思っても、ライバル企業が後からより良いものを持って参入してしまうこともあるのです。

新しいモノゴトを生み出し、それをビジネスとして立ち上げるためには、コストがかかります。研究開発を始めたり、生産設備に投資をしたり、マーケティングを行ったりしなければなりません。陳腐化すると、これらが回収できなくなってしまいます。

もしも、新しいプロジェクトを開始するのに、コストがかからないのであれば、できるだけ早めに始めるのが合理的です。しかし、普通はそのようなことはありません。トレードオフがここにあります。早くに開始すればするほど、出し抜き競争に勝てるチャンスが増えます。しかし、早くに開始しすぎると、不確実性が高いため、うまくいかない、あるいは陳腐化のリスクが高まるのです。

ということは、できるだけ本格的に始めるタイミングを遅くして、不確実性がなくなってきた時点で参入し、逆転することが戦略的には合理的です。そのためにはどうすれば良いのでしょう。一つの解決策は、組織の学習能力を上げることです。学習能力が高ければ、後から始めたとしても、先行者に追いつくことができます。つまり、不確実性がなくなってくるまで、始めるタイミングを後ろ送りにできるのです。

次の問いは、組織の学習能力はどうやったら上がるのかです。学習能力といってもさまざまです。ここで大切なのは、企業の外部で行われつつある新しいモノゴトの創造を、社内に取り入れることです。これは、吸収能力と呼ばれています。組織外部で生み出された知識を素早く学習し、必要なものを社内に取り入れる力です。

これには、高度な専門的な知識を持ち、社外にネットワークがある人材が大切な役割を担っています。例えば、研究開発型企業の吸収能力は、博士号を持った研究者の多さによるということも分かっています。

博士号を持つ研究者は、専門的な知識の評価に長けており、学会を通じて幅広い知識のネットワークも持っているためだと考えられています。本格参入する前にも、広く探索だけはしておく必要があるわけです。研究開発型企業の場合は博士号を持った研究者ということになりますが、そうでない場合も考え方は同様です。大切なのは、高い専門性を持ち、何が新しくて、何は新しくないのか（新しいっぽいだけなのか）を判断できる人材です。

参入を決めた後のことについても少し考えておきましょう。参入をアナウンスするかどうかも戦略です。新しいプロジェクトはこっそりと準備しておくのが基本になります。できるだけライバルが参入してくるまでの時間を稼ぎたいからです。しかし、企業が特許をとればそれは公開されますし、あの会社はあの領域で人を集めているという噂話も出てくるでしょう。準備をしているとどうしてもその痕跡があちこちについてしまうのです。

情報の漏洩がないように準備を進めることが、戦略的に重要になります。ただし、戦略的に行動しているのは、皆さんの組織だけではありません。ライバル企業だって同じです。ライバル企業だって、こっそり準備している可能性があります。

大規模な本格参入をアナウンスすれば、参入障壁になります。勝者総取り（Winner Takes

AII）の状況になりやすい場合には、「参入するとなると、あの規模を超えてではないと勝ち目がない」と参入を検討する潜在的なライバル企業に思わせることができます。また、最初の開拓者としてのポジティブな評価を得ることも期待できます。

もしも、ライバル企業に先に参入のアナウンスをされてしまうと、最初の開拓者ではなく、追随者というイメージがついてしまうかもしれません。

ただし、参入のアナウンスは、ビジネス機会があるという判断を公開するのと同じです。これは、他の企業にとっては、参入の正当性の一つになります。「あの程度であれば、こっちにも勝機がある」と思われたら、むしろ参入を誘発してしまうことには注意が必要です。

(2)　いつ何をするのか

麻酔をしてから歯を抜くのと、歯を抜いてから麻酔をするのでは効果はまったく違います。行動には、効果的なタイミングがあります。

いつ始めるのが良いのかは、何を始めるのかにも依存します。第2章で見てきたように、イノベーションにはパターンがあります。ということは、できるだけそのパターンに沿った取り組みを行うことが合理的になります。タイミングによって、何を目指すのが合理的なのかが変わります。

図表6－4を見てください。第2章で見たように、イノベーションの生成は、プロダクトからプロセスへと推移します。ドミナント・デザインが成立する前はプロダクト・イノベーションが多く、成立後はプロセス・イノベーションが多くなっていくのです。このパターンは、ドミナント・デザインの成立の前と後では企業がとるべき戦略が変わってくることを、意味しています。

ドミナント・デザイン成立前、つまり、多様な設計の製品やサービスが生み出されているときに、プロセス・イノベーションを生み出そうとしても無駄な努力に終わることが多いのです。投資をしているプロセスから生み出される製品やサービスが、ドミナント・デザインになるかは分からないからです。

だからこそ、ドミナント・デザイン成立前には、自社の製品やサービスをドミナント・デザインになるようにする、あるいは自社にとって都合の良い設計がドミナント・デザインになるように働きかける戦略が合理的です。

ドミナント・デザインは次節で見るように、重要な先行者優位性の源泉になります。顧客のスイッチング・コストを高めるからです。そのため、自社に有利なドミナント・デザインの構築は、企業の競争戦略上、重要なポイントです。

ドミナント・デザインには、優れた製品やサービスが必ずしも選択されるわけではないことには注意が必要です。質の高い製品やサービスをつくったとしても、それがドミナント・デザインになるとも限らないのです。むしろ、補完的な製品とサービスとの結びつきを強くつくれたものがドミナント・デザインとなる傾向があります。

ドミナント・デザインがいったん成立すると、それを変えることは難しくなります。競争の焦点は、既存のドミナント・デザインを前提にしたうえで、製品やサービスの生産の効率性を上げることに移ります。

ここではプロセス・イノベーションが大切になります。プロセス・イノベーションは、前述のように実践による学習が重要な役割を果たします。生産をしながら、より良いやり方はないかと探っていくわけです。経験曲線効果が強く出るのもこれが理由です。早くに参入していた企業の方が有利ですから、この段階で新規参入をするのは、規模の経済性や範囲の経済性を大きく効かせることができない限りは、合理的ではありません。

プロセス・イノベーションもいつまでも続くわけではありません。次第にイノベーションも少なくなってきます。製品やサービスは成熟段階です。ここまでくると累積的なイノベー

図表 6-4　プロダクト・イノベーションと
プロセス・イノベーションの推移

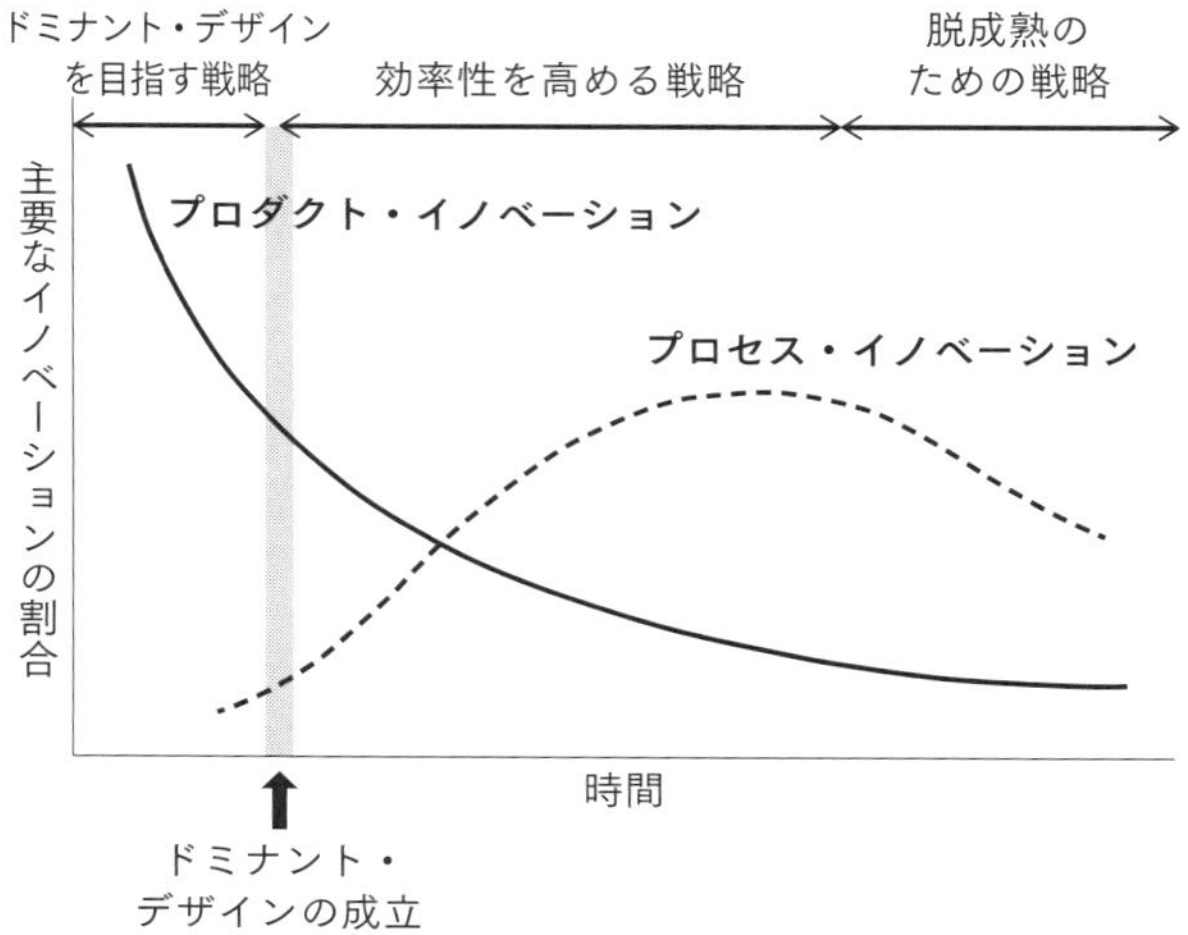

［出所］ Utterback and Abernathy（1975）の図 1 を参考に筆者作成

ションも乾いたぞうきん絞りのようです。この段階では、既存企業はできるだけ既存のビジネスから効率的にキャッシュを獲得することが大切です。そこからのキャッシュを次世代のビジネスの柱になるような新しい領域に投資をしていくことが、既存企業の戦略上重要なポイントになります。

ここでの、新規参入を狙う企業の戦略上の定石は大きく二つです。一つは、ニッチ市場を狙うことです。この段階になると、既存のビジネスでは分業が進んでいます。そのため、さまざまな組み合わせが可能になってきます。二つ目は、脱成熟です。既存のビジネスを陳腐化させるような新しいビジネスの構築です。既存企業には、この戦略をとる合理性は高くありません。ここに新規参入企業にとってのチャンスがあります。

(3) イノベーションへの期待を醸成する

もしも、ライバル企業に先を越されてしまいそうになったら、どうしたら良いでしょうか。ライバル企業に先を越されるのは、特にドミナント・デザインの成立前、あるいは脱成熟を目指す段階では避けたいところです。しかし、先を越されてしまうこともあるでしょう。これには、買い手のイノベーションへの期待を醸成することが時間稼ぎとして効果があります。

クルマを買うときには、慎重に検討する人は多いでしょう。慎重に検討し、ようやくお目当てのクルマが決まり、「あとは買うだけ」とほっとしたところに、「六カ月後に（値段は同じなのにお目当てにしていたクルマよりも少し良い！）新車が発売です！」という広告が入ってきました。これは悩みます。半年待って、その評判を確認してから、再検討する人が多いでしょう。

さらなるイノベーションの期待（すぐに新しいより良いモノが出るという期待）が大きいと、イノベーションの普及は思ったよりも進みません。新しいモノが出るということは、現在あるモノが陳腐化することを意味するため、消費者が購買に慎重になりすぐに新しいものに飛びつかないからです。

これは、購入したら、比較的長い期間使うようなもので顕著です。一度買ったら、比較的長い期間それを使うものは、資本財（もう少し詳しく言うと、固定資本財）と呼ばれています。資本財とは、一般的には製品やサービスを生み出すために必要なものです。生産工場や建物、工具、運搬に使うクルマなどです。

最終消費者が使うものは、消費財と言われています。そのなかでも比較的長く使うものは、耐久消費財と呼ばれています。クルマの他、冷蔵庫、ソーラーパネル、家などが、それにあたります。

大切なポイントは、資本財か耐久消費財かなどの区分ではありません。一度、買ったら長く使うかどうかです。長く使うからこそ、すぐに陳腐化してもらっては困るのです。企業にとっては、生産に必要な資本財が陳腐化していると、効率性が悪くなり、競争力を落としかねません。

また、高い買い物であれば、購買はさらに慎重になります。どの程度が高い買い物なのかは、その投資の絶対額で決まるわけではありません。子どもにとっては、ゲーム機やゲームソフトは高い買い物です。「春に新しいゲームが出る」というニュースが出ると、保護者はお年玉を握りしめて、鼻息を荒くしている子どもに「新しいものを見てからにしなさい」と説得するでしょう（子どもがそれまで待てるかは分かりませんが）。

ボールペンのようなすぐに使い終わってしまう、しかも比較的安価なものの場合には、買い控えは起こりません。来年になったらもっと書き味の良いボールペンが出る（実際にボールペンはどんどん進化しています）という期待があったとしても、今、ボールペンを買うのを控えようとは思わないでしょう。

もしも、ライバル企業に先を越されていた場合には、「すぐに次のイノベーションがやってくる」という期待を醸成することが戦略的に重要です。その点で、「○○カ月後に画期的な新製品が出ます」とか「○○の開発に成功」などの広告やプレスリリースは、消費者の期待醸成にとても大切です。少し待てば、新しいものが出てくるという期待をつくれれば、消費者は現在のモノに飛びつかず、少しの間買い控えをしてくれます。

3　先行者の優位性を活かす

新しいモノゴトを経済的な価値に転換するという点で、最も基本的なポイントは、他社に先駆けてということをうまく活用することです。先駆けて新しいビジネスを展開すれば、他社が参入してくるまでの間、独占的な利益を稼ぐことができます。これがあるからこそ、出し抜き競争になります。

さらに、他社に先駆けることができれば、先行者優位性を獲得できるかもしれません。先行者優位は、その名の通り、他社に先駆けることによる優位性のことです。もう少し具体的に言えば、先行した企業が持つ後続の企業（あるいはこれから参入を企図する企業）に対するコスト面の優位性です。この優位性は、単に、他社に先駆ければおまけのようについてくるものではありません。意図的に構築しないと確立できません。

(1)　先行者優位性の源泉

他社に先駆けたとしても、優位性の源泉を確保できなければ先行者優位性を活かすことはできません。先行者優位性の源泉としては、次の三つがあります。これらの順番は関係ありませんし、それぞれに排他的なものでもありません。

①希少資源の占有

立ち食いそばを出店しようと思えば、まず大切なのは、立地です。味も値段も大切ですが、良い立地をとられてしまうとその後はなかなかきびしいでしょう。良い景観を利用したビジネスも同じです。立地だけではありません。特殊な原材料や流通網、あるいは優秀な人材など、それぞれのビジネスにとって重要であり、なおかつ希少な資源があります。

他社に先駆けてビジネスを展開することにより、このような希少資源を占有することができれば、これは優位性につながります。希少資源の占有は、後から入ってくる企業に対する参入障壁になります。

②技術的なリーダーシップ

知的財産権も、先行者優位性の源泉です。研究開発で新しい成果が得られた場合には、戦略的な理由がない限り、特許をとって知的財産権で保護します。特許は当たり前ですが、新規性や進歩性がなければそもそも取得できません。当然、一番手の企業は、特許で保護できる範囲をできるだけ広くしようと特許申請を行います。後続企業はなんとか迂回する特許をとろうとするでしょうが、苦しい戦いです。ビジネスを展開するうえで、重要な特許を他社にとられてしまうと、研究開発投資をビジネスで回収することもできなくなるかもしれません。

また、先駆けて生産を開始することができれば、学習を積み重ねることができます。その結果、効率的に生産することができるため、平均費用が下がります。これは前述の経験曲線効果です。経験曲線効果が強く働けば、他社が参入してきた場合でも、コスト面で優位に立つことができます。

③スイッチング・コストの上昇

他社に先駆けてビジネスを展開することで、自社に有利なドミナント・デザインを形成しやすくなります。ドミナント・デザインが成立すると、それを変更するのには大きなスイッチング・コストがかかります。

これまでにも見たように、製品やサービス単体で使用して価値を享受することは、ほぼありません。補完財と組み合わせて価値を享受しているのです。製品やサービスが相互補完的であればあるほど、変更にかかるコストは大きくなります。この相互依存関係は、一つの大きなシステムとなります。システム全体を変えなくてはならないような変更は、さらに難しくなります。

さらに、顧客は製品やサービスを購入すると、それらをうまく使うために自分自身で工夫を重ねたりします。これは、使用による学習（ラーニング・バイ・ユージング）と呼ばれています。使い方やメンテナンスの仕方などを、顧客は学習していくのです。

この学習が進むと、顧客が他社の製品に乗り換えるコストが上がります。顧客のスイッチング・コストが高まるわけです。もう一度、学習し直さなければならないからです。顧客のスイッチング・コストが高まれば、それは先行者優位性の源泉になります。後続の企業は、このスイッチング・コストを低くするようなモノゴトをもって参入するか、スイッチング・コストを負担する必要があるからです。

(2)　常にあるわけではない先行者優位性と素早い模倣者の優位性

先行者優位性のこれらの源泉は、常に存在しているとは限らないことには注意してください。ビジネスを展開するうえで重要な経営資源は、必ずしも希少ではないこともあります。特許や意匠などの知的財産権がそれほど重要な役割を担うわけではないビジネスもありますし、顧客のスイッチング・コストがそもそも高くないものもあるでしょう。

そのような場合には、ビジネスを他社に先駆けて展開したとしても、先行者優位性を効かせられるわけではありませんので、注意してください。焦って早くに参入する戦略的な合理性はないのです。

それほど先行者優位性が強く効かないような場合には、素早い模倣者にチャンスがあります。素早い模倣者とは、その名の通り、先行している企業の生み出した新しいモノゴトを素早く模倣、改善し、市場に出す企業です。グーグルやアマゾン、フェイスブック、アップル・コンピューターあるいは、マイクロソフトも決して先行者ではなく、むしろ、素早い模倣者です。

先行者には不利な点も存在しています。他社に先駆けてビジネスを展開しようとする企業は、新しい市場を開拓するための投資を自ら行わなければいけません。新規性の高いモノであれば、制度が追いつかない場合もあります。顧客にその製品やサービスを理解してもらうためのマーケティングも必要でしょう。供給業者を育成することも必要かもしれません。そもそも何をすればうまくいくのかも手探りです。先行者は、試行錯誤を繰り返しながら、新しいビジネスを開拓していくわけです。

模倣者は、何をやるとうまくいかないか、何をするとうまくいくのかを、先行者の試行錯誤を見て学習することができます。先行者の努力により不確実性がなくなってきた後、模倣者は先行者が開拓した市場に、その開拓のためのコストをほぼ支払わずに参入できるわけです。素早い模倣者が後から参入して競争優位性を獲得できるかどうかは、先行している企業が先行者優位性をどれだけ効かせられるかによると言えます。

(3)　新しすぎると儲からない理由

「アイディアは良かったのだけど、新しすぎた」と言われることがあります。イノベーションには新しいモノゴトが大切なのですが、その新規性が高すぎるとうまくいかないのです。だからこそ、「人より一歩半だけ進んでいることが大切」と言われたりすることがあります。ただ、これはどこまでが一歩半で、どこからが進みすぎなのかは分からず、アドバイスとしては曖昧すぎます。

なぜ、新しすぎるとダメなのでしょうか。これは、補完的な役割をする財や制度がないからです。それだけで機能するモノゴトというものはほとんどありません。私たちは、複数の補完的なモノゴトを組み合わせて価値を享受しています。朝食のパンを焼くトースターもそれだけでは機能しません。そもそも、パンがなければ始まりませんし、トースターに入るようにパンを切るナイフも要ります。何より電気が必要です。

当たり前だと思うかもしれませんが、この当たり前は最初からそろっているわけではないのです。クルマが最初に生み出されたときには、当然、舗装された道路はありませんし、高速道路だってありません。クルマのための交通ルールだって整備されていませんし、自動車保険や自動車ローンもありません。これらの補完的な財や制度が整備されてきてはじめて、クルマの価値が高くなるのです。

つまり、補完的な役割をしてくれるものがそろっている場合は、新規性がいくら高くても問題はありません。しかし、新規性が高いものであればあるほど、補完的なモノゴトが整備されていないことが多いのです。

(4) 仲間づくりの重要性

新しいモノゴトを経済的な価値に転換しようと思ったら、補完的なモノゴトにも目を配らなければならないのです。補完的なモノゴトをすべて自社で整備することは、なかなかできません。ここに仲間づくりの重要性があります。

仲間づくりは、これまで見てきた先行者優位性とトレードオフになることがあります。先行者優位性を確立することは、新しさをビジネスに転換していくうえでは大切です。ただし、いつでも先行者優位性を活かして、高い利益を獲得していくのが戦略的に合理的かと言えば、そうとも限らないのです。

先行者優位性とは、先にビジネスを展開した企業と後続の企業の間にある参入障壁（コスト差）です。この参入障壁が大きすぎると、後続の企業が入ってこられません。だからこそ、先行者は独占的な利益を享受できるのです。

しかし、先行者優位性を強固に確立すると、仲間づくりがしにくくなります。多くの企業が同じデザインを採用し、参入しなければ、補完財の供給も少なくなり、ドミナント・デザインは確立できないのです。ビジネスの成長段階で参入障壁を高く構築しすぎると、後続企業が入ってこられず、ビジネスが大きくなりません。ただし、多くの企業が同じデザインで参入すると、当然、競争が激しくなり、利益を上げることは難しくなります。

つまり、先行者優位性を確立すると独占的な利益を獲得できるのですが、ドミナント・デザインが構築しにくいため、ビジネスが小さくなってしまう可能性があります。これは、ビジネスの収益化と仲間づくりの間にあるトレードオフです。

そのため、リーダー企業は、ビジネスの成長段階では自社の先行者優位性を犠牲にしたとしても、ビジネスを拡大させるために参入障壁を低め、ビジネスの仲間づくりをするのです。経験曲線効果や規模の経済性が効くビジネスの場合には、ビジネスを拡大してライバル企業が増えたとしても、リーダー企業は高い収益性を享受することができます。先行者優位性の源泉をしっかりと獲得できるとしても、それをどのように行使するかも戦略です。

4 模倣から守る

新しいモノゴトを生み出せたとしても、それが容易に模倣されてしまっては、企業が経済的な価値を獲得するのは難しくなります。模倣されてしまえば競争が激しくなります。そうなると、イノベーションの経済的価値は消費者がより多く獲得していくことになります。そのため、先行した企業にとっては、いかに模倣を防ぐのかが戦略上、大切なポイントの一つとなります。

(1) 知的財産権で守る

まず考えたいのは、知的財産権で守れないかです。これは先行者優位性の技術的リーダーシップのポイントです。知的財産権とは、知的な生産物に対する所有権です。著作権や特許権、意匠権、商標権などが代表的なものです。

知的財産権をとれれば、一定期間それを排他的に使うことができます。特許であれば出願から二十年間排他的に使うことができます。サイエンス型の産業では、特許で自社が生み出した新しいモノゴトを保護するのは特に重要であり、優れた特許を持っているかどうかで、企業の価値も大きく変わります。知的財産権で守れるものがある場合には、よほど戦略的な理由がない限りは、知的財産権をとるのが戦略的には定石です。

ただ、特許をとっておしまいではありません。特許をとれば、基本的に①その技術を自社で排他的に実施する、あるいは②自社で排他的に実施しないという二つの戦略的な選択があります。

前者は、知的財産権で自社が生み出した技術を守るというイメージに近いものです。もしも、この特許の権利が侵害されていたら（他人が当該技術を使っていたら）、それを排除することができます。自社だけで排他的にその技術を実施できるのです。特許が有効な期間は、独占的な利益を享受できます。

後者は、特許をとったうえで、その技術の実施権を他社に提供する戦略です。具体的には、特許のライセンシングや譲渡です。

ライセンシングとは、契約によってその特許の実施権を許諾するものです。誰に対して、どのような条件（価格や期間など）で許諾するのかなどは、さまざまな形態があります。自社ではその特許を実施せずに、ライセンシングだけを行うという戦略もあります。譲渡とは、特許の売買です。ライセンシングをする権利も含めて売ることもできます。

(2) 秘匿化する

新しいモノゴトは、そのすべてを知的財産権で保護できるわけではありません。特許は、技術の新規性や進歩性がないととることができません。自然界の法則を発見しても特許はとれません。自然の法則（例えば酸素の生成や重力の仕組み）が特許で押さえられてしまうと、私たちは生活できなくなってしまいます。自然の法則を用いて、新しい技術を発明しないといけません。また、その技術は暗黙的なノウハウのようなものではなく、文章や数式などで客観的に記述できるものでなくてはいけません。

さらに、特許をとるためには、その技術内容の公開が必要です。生み出した新しいモノゴトが広く社会に知られてしまいます。自社の研究開発の技術内容に誰でもアクセスできるようになります。ライバル企業が、その特許をうまく迂回する類似の技術を開発してしまうかもしれません。技術を発明した人物も特許を見れば特定できますから、優秀な発明者を引き抜かれてしまうかもしれません。公開された技術内容から、ビジネスの戦略も見えてきてしまうかもしれません。

そのため、特許をとれたとしても、秘匿のために戦略的に特許にしないという選択もあります。生み出した新しいモノゴトが秘匿化できれば、独占的な利益を獲得できます。

ただし、この戦略にはリスクもあります。それまで秘匿化していたものを、他社に特許化されてしまう可能性があります。優れた製品やサービスが市場に出ると、ライバル企業はそれを分解し、どのようにつくられているのかを分析します。先に発明していたとしても、特許では先に出願した方が優先されます（これは先願主義と言われています）。

もしも、他の企業に特許をとられてしまうと、最悪の場合、自社がその技術を使うことができなくなってしまう可能性があります。同様の技術を開発している企業がない、あるいは完全に隠せると判断すれば、秘匿化も合理的な戦略的選択になります。

(3) 参入障壁を構築する

ライバル企業は、あなたの会社の新しいモノゴトが優れたものであればあるほど、学習をします。学習のスピードは速いです。特許をとれば、その内容は公開されますから、あっという間にライバル企業は学習します。秘匿化しようとしても、リバース・エンジニアリングやキーパーソンの引き抜きなどを通じて、ライバル会社はどうにかして模倣をしようと、学びます。

そのため、ライバル企業が分かってはいるけれど、参入できないという状態をつくることは、イノベーションの経済的な価値を企業が獲得するうえでは大切です。参入障壁を構築するのです。

前節で見た先行者優位性は、後発企業にとっては参入障壁となります。先行企業としては、先行者優位性の構築は戦略的に重要です。また、経験曲線効果を活かし、ライバル企業が参入をためらうほどの低い価格づけを戦略的に行うことも参入障壁となります。第1章で見たような、サンク・コストとなる投資も先行企業のコミットメントを示すものであり、後発企業の参入を抑えることになります。参入障壁を構築できれば、そこで独占的な利益を得ることができます。ただし、前述のような仲間づくりとのトレードオフがあります。

(4) イノベーションを生み出した後には

新しいモノゴトから経済的な価値を生み出せると、そこではじめてイノベーションが生み出せたということになります。長い道のりです。ここまで来てもさらに考えなくてはならないポイントがあります。「まだあるの⁉」という声が聞こえてきそうですが。

それは、第2章で見たイノベーションのジレンマです。イノベーションを生み出せた企業は、その経済的な価値をできるだけ長い間得たいところです。そのビジネスをできるだけ効率的に行うための累積的な改善を重ねていくのは、合理的な戦略です。

そこで課題になるのは、自社の製品やサービスを陳腐化するような代替製品の登場です。これまで見たように、新しい代替品は、それが登場したときには、洗練された既存のものと比べると、比較にならない「おもちゃ」のようなものです。

しかも、世の中でイノベーションのジレンマと呼ばれているものは、事後的に見れば代替品が既存製品を陳腐化させたものです。当然のように、新しいものに代替されるかのように思われるかもしれませんが、実際にはそうではありません。ほとんどの新しいものが、既存のものを陳腐化させることなく、失敗として消えていくのです。だからこそ、既存企業が既存のビジネスを磨いていくところに投資をするのは、合理的なのです。

そのため、イノベーションを生み出せた企業が戦略的に考えなければいけないのは、次の二つのポイントです。

一つ目は、既存のイノベーションからできるだけ効率的にしかも長期間、キャッシュを獲得することです。破壊的なイノベーションを生み出すことを目標にする企業もあります。破壊的なイノベーションというと何だかインパクトも大きそうです。必要となるマーケティングの能力が違うのです。

チーム・ファミリアリティにもトレードオフがあります。同じ仲間で仕事をしていくと累積的なイノベーションが期待できるものの、新規性の高いものは生み出しにくくなってしまいます。

トレードオフの存在は、戦略的に使えます。特に、新規参入を試みる企業にとっては、これを活かさない手はありません。トレードオフの利用は、ライバルの強みを逆手にとる戦略です。

それを行うためには、自分そしてまわりの企業がどのような組織能力を構築しているのか、何を優先しているのか、どのようなトレードオフに直面しているのか（あるいは将来的に直面しそうなのか）を理解することが必要です。

まわりの企業というと、ライバル企業（同業他社）についつい目が行きがちですが、注意しておくべきはそれだけではありません。原材料などの供給業者たち、あるいは顧客企業たちの動向も考える必要があります。それらの企業がどのようなトレードオフに直面しているのかを考慮に入れたうえで、自社の戦略を構築したいところです。

です。しかし、実際にキャッシュを生み出すのは、最初の段階で粗野な破壊的なイノベーションを磨いていく累積的なイノベーションなのです。だからこそ、今ある強みをさらに強くしていくことが、合理的な戦略です。そのためには、自社の製品やサービスと補完的な財との結びつきを強くして、ドミナント・デザインを強固なものにしていくことが大切です。

COFFEE BREAK

トレードオフを戦略的に利用する

昔は画期的な製品を出したのに、最近は同じような製品のアップデートばかりの企業はよくあります。イノベーションにより、業界のリーダー企業になったケースも、自社の製品やサービスが陳腐化されてしまったケースもよくあります。

これらは、イノベーションにつきもののトレードオフが原因です。本書にはさまざまなトレードオフが出てきました。代表的なものは、生産性のジレンマです。ラディカルなイノベーションと累積的なイノベーションの間にあるトレードオフです。イノベーションのジレンマも、トレードオフの一つです。

リーダー企業は、既存の顧客に対して最も効果的で効率的なバリューチェーンを構築してきた企業です。そのため、期待収益率からすると既存のビジネスに投資をする方が合理的なのです。新規参入を試みる企業は、これを戦略的に活かしたいところです。

マーケティングも同様です。第２章で見たように、初期に採用を決めるイノベーターやアーリー・アダプターに対して訴求力を持つマーケティング、後から採用を決めるレイト・マジョリティやラガードに対して強い訴求力を持つマーケティングは異なりま

二つ目のポイントは、新しいモノゴトへの投資です。既存のモノゴトの賞味期限をできるだけ長くするような前述のポイントはとても大切です。しかし、そればかりでは、企業の中長期的な存続や成長はできません。いつまでも拡大を続ける市場はないからです。そのため、第5章で見たように、しっかりとポートフォリオを組み、マネジメントを別にしたうえで（できれば別組織で）、新しいモノゴトに投資していくことが大切です。これらの二つのポイントを両立することは、両利きの経営と呼ばれています。

第7章

イノベーションが生み出される社会をつくる

これまでは、ビジネスパーソンの視点でイノベーションを考えてきました。最後に、少し見方を変えましょう。イノベーションは「善き」ものと考えられがちです。しかし、それほど単純ではありません。そもそも、世の中に、「これだけは絶対に善」というものはそれほど多くないでしょう。もしそのようなものがあると感じても、それは特定の見方のみが支配的だということかもしれません。

イノベーションにも望ましいポイント（創造的な側面）と、あまり望ましくないポイント（破壊的な側面）があります。ビジネスパーソンは、その望ましい側面を中心に考えていきます。新しいモノゴトを生み出し、それを経済的な価値に転換することこそが、企業の社会的な役割だからです。

政府としても、この企業の活動を促進していきたいところです。イノベーションは経済成長の源泉であり、最低限の経済成長は福祉の向上に必要だからです。同時に、政府は、イノベーションの望ましくない影響について対応しなければなりません。ここではまず、政府のイノベーション促進のための政策を見たうえで、私たちが国民としてイノベーションとどう向き合うのかを考えていきましょう。

1　イノベーション促進の政策

イノベーションの促進には、インセンティブ、コスト、そして知識プールの三つの要因がまずは大切だということは、第4章で見てきた通りです。政府の政策も、この三つが基本になってきます。それぞれを簡単に見ていきましょう。

(1)　インセンティブを高める

イノベーションを生み出した人や企業が、そこから得られる経済的な価値を獲得する程度(専有可能性)を高めることが大切です。これが高くなければ、企業はイノベーションを生み出すために投資をしてくれません。

専有可能性を高める政策の代表的は、知的財産権の保護を強めることです。知的財産権の保護の程度を強める、あるいはその保護の範囲を広める政策は、プロパテント政策と呼ばれています。これを進めると、研究開発の成果を守りやすくなります。優れた新しいモノゴトを生み出せば、それを模倣から守れます。

反対に、知的財産権の保護を緩めると、模倣が多くなります。その場合、新しいモノゴトを生み出したとしても、模倣されてしまうため、新しいモノゴトを生み出すための投資を控えてしまいます。

特許や意匠などの知的財産権は、ある一定期間その技術やデザインを排他的に実施する権利ですから、その期間は他社の参入を排除する可能性があります。しかし、知的財産権は公開を条件に付与されるため、企業の二重投資を防ぎ、その公開された内容をもとにしたさらなる新しいモノゴトの開発が促されます。

競争政策も、企業のイノベーションのインセンティブに影響を与えます。競争政策は、独占、カルテルや談合などによる不当・不公正な取引の是正、あるいは競争を公正で自由なものにするための規制の撤廃や緩和（あるいは強化）などです。企業間の競争を公正で自由なものにすることが目的です。独占禁止法は、競争政策のなかでも中心的なものです。

競争政策は、新しいモノゴトを生み出し、ビジネスとして展開した場合の、独占的な利益の獲得に対する期待に影響します。

政府が市場での競争を促進する競争政策をとると、独占的な利益獲得の期待は下がります。これは、企業のイノベーションに対するインセンティブを削ぎます。しかし、同時に、競争を促進する政策は、市場での競争圧力を高めます。その結果、イノベーションを生み出せない企業は淘汰されてしまうため、企業はイノベーションに投資をするようになります。

このように、競争政策は異なる経路でイノベーションに影響を与えているので、その影響を単純化することはできません。

キャピタル・ゲインに対する減税や新興企業用の証券市場の整備なども、スタートアップを設立しようと考える企業家やそこに資金を提供する投資家たちのインセンティブを増加させます。これらは、エクイティ・ファイナンス（新株を発行することによる資金調達）によりスタートアップを促進してくれるため、新しい企業によるロングテールなチャレンジを促進してくれるものであり、とても大切です。

証券市場は、スタートアップの創業者にとってのエグジットにもなります。証券市場に上場することは、これまでに自分が行った投資の回収の機会になるのです。企業家や投資家にとって望ましいエグジットが用意されていることは、インセンティブを高めてくれます。

(2)　コストを低める

新しいチャレンジをするコストを低めるという点では、ビジネスの構築に必要なヒト・モノ・カネといった経営資源の流動性制約を小さくしていくことが基本です。流動性制約が大きいと、新しいビジネスを構築しようと考える企業がそれに必要な経営資源を調達することが難しくなったり、大きなコストがかかったりします。ヒト・モノ・カネそれぞれ簡単に見てみましょう。

ヒトの流動性を上げるためには、雇用保護の程度を下げることが重要です。雇用保護の程度が強いと、企業は不採算の事業から撤退することも難しくなります。さらに、新しいビジネスへの展開も、できるだけ不確実性の少ないものになります。もしも失敗した場合に、速やかな撤退が難しいからです。雇用保護の程度は、政府の政策だけでなく、裁判での判例によって規定されている側面も強くあります。

また、失敗した起業家の再起のコストを低める制度も大切です。企業がどうしても立ち行かなくなって破産したときには、債権者やその他の関係者の利害を調整します。そのときには破産法の出番です（あまり登場してほしくない制度ですが）。

破産法において債権者の保護が強いと、債務者の再起は難しくなります。債権者とは、債務者にお金やモノなどを貸している人です。債務者は、お金やモノを借りている人です。

債権者の保護が強いと、債務者は破産しにくくなります。債務の弁済から逃れることが難しいためです。少しずつでも弁済していくのです。これは新規性の高いチャレンジをしようと思う人にとっては、コストになります。債権者の保護が強く、失敗した起業家にも負債の返済の義務を強く負わせる制度があると、起業家たちは、新規性が高く、探索的なプロジェクトへの努力投入を減らし、累積的な成果を求めるようになります。悪い言い方をすれば、アンパイに流れるのです。

反対に、債権者に対する保護が弱い場合には、起業家は、新規性が高く探索的なプロジェクトを行いやすくなります。新規性の高いプロジェクトが失敗に終わった場合にも、免責される程度が大きいからです。チャレンジのコストが小さいのです。

モノの流動性については、前述のプロパテント政策は大切です。プロパテント政策は、市場での技術のライセンシングや売買を促進するという点で、技術の流動性制約を低めます。技術が柔軟に売買できなければ、自社で開発しなければなりませんが、その取引が柔軟に行えるようになれば、企業にとっては外部で生み出された技術を調達するという選択肢が生まれます。

カネの流動性を上げる典型的なものは、インセンティブのところでも出てきましたが、スタートアップへのエクイティ・ファイナンスのための制度整備です。

新規性の高いプロジェクトを行おうとする人が、そこに必要な資金を低いコストで集められるかは大切です。エンジェル投資家やベンチャー・キャピタルあるいは、新興企業用の証券市場などといったいわゆるエクイティ・ファイナンスは、新規性の高いチャレンジに対して低いコストで資金を提供する仕組みと言えます。エクイティ・ファイナンスとは、企業が株式を発行することで資金を調達することです。ちなみに、金融機関などから負債として資金を借り入れることは、デット・ファイナンスと呼ばれています。

負債の場合は、利子や返済期限が契約で決められます。エクイティ・ファイナンスの場合には、ビジネスが失敗に終わったとしても、担保をとられたり、弁済をしなければならないということはありません。いくら株価を上げるとか、いくら配当するなどということを株主との間に契約で決めるわけでもありません。新しいチャレンジをしようとした企業家にとってはコストが低い資金調達であり、社会的には新規性のテールを長くしてくれるものです。

エクイティ・ファイナンスを促進する制度がなかったり、うまく機能していなかったりすると、新規性の高いチャレンジをできるのは裕福な人や内部留保の大きい企業に限られてしまいます。

(3) 知識プールを大きくする

基礎的な研究への投資のインセンティブは、企業には大きくありません。基礎研究の成果の専有可能性が小さいからです。基礎的な研究の目的は、モノゴトの理解です。これはとても大切なのですが、新しく理解が進んだとしてもそれだけでは特許にすることはできません。つまり、基礎的な研究を自社でしたとしても、その成果を自社にとっての経済的な価値に転換することが難しいのです。

しかし、基礎的な研究は、知識のプールを大きくするという点で重要です。基礎的な研究の成果は論文で出されることが多いのですが、その場合には、誰でもアクセスして利用することができます。つまり、公共財です。優れた基礎研究の成果が生み出されれば、企業がそれを利用してビジネスをいち早く展開することができます。だからこそ、基礎的な研究開発を国が政策的に促進する意義があります。

専有可能性が低かったり、不確実性が高かったりして、企業が研究開発投資を渋る領域への政府の投資は重要な成果を生み出してきました。ジェネラル・パーパス・テクノロジーと呼ばれる非常に汎用性の高い技術の多くは、大型の政府の研究開発投資から生み出されています。互換性部品における大量生産技術、航空技術、宇宙技術、情報通信技術などです。

立し、事業化していきます。そして、さらに事業化での競争を勝ち残ったものが、自社で、あるいは既存企業によるM&Aなどを通じて、大きなビジネスに育っていくのです。

コンピューターやレーザー、インターネットやGPS、人工知能やロボティックスなどさまざまなビジネスをその後生んでいったインパクトの大きい基盤的な技術も、ことごとく国防の予算から生まれています。企業のイノベーションを生み出すためのコストを政府が多く負担しているとも言えます。つまり、国を挙げてロングテールの投資を強力に後押ししているのです。

日本は、歴史的な経緯により国防関連の研究は極めて限られています。それを推進しろというわけではありません。しかし、この点を考慮に入れず、アメリカや中国といった大きな国防予算を持つところと同じように（あるいはそれを凌ぐほどの）イノベーションを生み出せというのは都合が良すぎます。

イノベーションは投資が大きなところから起こる傾向は、否定できません。だからこそ、日本政府はより戦略的に大きな投資がなされているところとのつながりを構築していくことが大切でしょう。その一方で、このような国防への依存は、イノベーションの持続可能性という点では大いに疑問です。日本は、この点で新しいモデルを提示しうる国の一つです。

COFFEE BREAK

ロングテールな投資を後押しする国防

企業がイノベーションを生み出せるかは、政府にとって重要な政策課題です。だからこそ、さまざまな政策を考え、試しています。本章でも少しふれたように、政府の重要な役割は、優れた公共財を提供することにあります。優れた公共財を提供することができれば、企業はそれを自社のビジネスに活用して、イノベーションを生み出すことができます。ここで考えている優れた公共財とは、最新の知識プールです。

どうしても、企業、特にスタートアップは、基礎的な研究開発に投資をするのではなく、既存の知識を活用して新しい市場を開拓する手近な果実もぎになりやすいのです。ということは、政府がどこよりもアップデートされた知識プールを用意することができれば、企業はそれにいち早くアクセスし、新しいビジネスを始められます。優れた果実もぎになるのです。

基礎研究という点では、国防の役割は欠かせません。アメリカでは、国防高等研究計画局（一般的にはDARPAと呼ばれています）の研究費が重要な役割を担っています。この研究資金が、まだ市場までの道のりが遠い基礎的な研究の下支えをしているのです。不確実性が高く、ベンチャー・キャピタルなどでもまだ投資をできないような初期段階の新規性の高いプロジェクトを支えています。

研究開発から良い結果が出れば、研究者がスタートアップを設これらは、政府による（特に国防に関する）明確なターゲットについての旗振りと大型の研究開発投資がなければ、実現しなかったものです。汎用性の高い成果を生み出すことができれば、それを使った新しいビジネスが次々と生み出されてくるわけです。

さらに、教育は地味で即効性はありませんが大切です。最新の体系的な知識を身に付ける機会が、安価に用意されていることは重要です。ここにコストがかかってしまうと、最新の知識のプールにアクセスする人や知識のアップデートをしてくれる人が限られてしまいます。

知識プールを大きくするうえでは、知識のバウンダリーを広げる人は重要です。科学的な知識は、基本的には地域や国境などに依存するものではありません。そのため、知識プールを大きくするという点では、日本の研究機関にいる研究者だけが重要なわけではありません。研究者に国籍はありますが、研究には国境はありません。

最新知識へのアクセスのスピードという点で、知識のバウンダリーを広げる科学者との人的なつながりはとても大切です。論文として公開されてからアクセスするのと、人的なつながりを通じて研究プロジェクトが始まってから（あるいは始まる前から）アクセスするのでは、スピードが違います。これは、新しいモノゴトをビジネスにしていくという点では重要です。

(4) 新しいチャレンジを支えるリスク・シェア

新しいチャレンジの新規性が高ければ高いほど、うまくいかないことも多くなります。失敗も多くなるのです。だからこそ、「失敗を恐れずに頑張れ！」と応援したくなるのですが、これは「気合入れろ！」とあまり変わりのない精神論です。

新しいチャレンジをするためには、それが失敗するリスクをシェアする仕組みが必要です。それがないのにチャレンジをしろというのは、そのリスクを個人に負わせてしまう可能性があります。高いリスクをとれば、高いリターンが期待できます（その確率は低いのですが）。しかし、リスクのシェアの仕組みがなければ、高いリスクをとれるのは、それが失敗したときにも耐えられる富を持っている人か無鉄砲な人だけです。

リスクのシェアの仕組みがあれば、安心して高いリスクもとることができます。それでは、具体的にリスク・シェアの仕組みとは何でしょうか。これは、分散投資です。

分散投資とは、利益の相関が小さい投資先に複数投資をすることです。分散化したポートフォリオでは、当然、利益率が小さくなるものもありますし、高くなるものもあります。投資先を分散すると、そのポートフォリオ全体の利益率は投資先の利益率の平均に等しくなりますが、リターンの変動幅（ボラティリティ）を小さくすることができます。つまり、分散投資をすることで、利益率はそのままに、変動のリスクを下げることができるのです。

分散投資は古くから行われてきました。例えば、イギリスでは十六世紀の農地の囲い込み（エンクロージャー）以来、農民たちは小さな農地を分散して持っていました。これは、農作物がうまく育たないリスクを分散していたのです〈McCloskey（1976）〉。

分散投資ができれば、そのポートフォリオのなかで、リスクが高いチャレンジもできます。第4章でも見てきたように、この分散投資は、企業（特にいわゆる大企業）がビジネスの多角化を通じて行ってきたものです。当たり前ですが、分散投資をするほど、リスクのシェアは進みます。その結果、より新規性の高いチャレンジもできます。

ただ、リスクのシェアは、これだけでは十分ではなくなってきています。社内での多角化による分散投資では限界があります。違う言い方をすれば、分散をできるだけ拡大することにより、より新規性の高いチャレンジをしやすくする競争が始まっています。社外の試行錯誤を社内に取り入れようというオープン・イノベーションと呼ばれる取り組みは、投資先を社外にまで広げ始めていることの現れです。

さらに、リスク・シェアは、産業レベルで行われるようになりつつあります。社会的にロングテールな投資を行う制度が整備されてきています。エンジェルやベンチャー・キャピタルらが、エクイティ・ファイナンスでスタートアップの新しいチャレンジを支えています。スタートアップ自体は新しいチャレンジに特化しているので、分散投資をしているわけではありません。なぜ、スタートアップが新規性の高い、つまり、失敗する可能性が高いビジネスにチャレンジできるのかと言えば、投資家たちが分散投資をしているからです。

多くのプロジェクトに分散的に投資をしており、そのうちわずかな数でも成功すれば、全体のロスをカバーできるようになっています。換言すれば、うまくいかない可能性も高いのだけれど、成功した場合には大きな経済的な価値を生み出すようなビジネスを選んで、分散投資をしているのです。

さらに、アメリカでは、不確実性が高すぎてエンジェルやベンチャー・キャピタルがまだ投資できないような領域へは、政府が積極的に投資をしています。スタートアップにとっては、政府からの支援やエクイティ・ファイナンスはとてもありがたい資金です。失敗したとしても、返済の義務がないからです。

デット・ファイナンスで資金を調達すると、返済期限もあり、返済の義務も生じます。これでは、新規性の高いチャレンジはなかなか難しくなります。失敗した場合にも、弁済しないといけないからです。

第3章で見たように、既存企業は、ビジネスを大きくしていく点で強みがあります。経営資源も比較的豊かですし、コスト・スプレディングという点からも有利です。

そのため、新規性が高いものについてはスタートアップが担い、既存企業がそのなかでも有望なスタートアップをM&Aなどにより取り込み、ビジネスの規模を拡大していくという、産業レベルでのリスクのシェアが進んでいます。スタートアップの創業者たちにとっては、事業の売却は良いエグジットの一つです。

個人のリスク・シェアには難しさがあります。特定のスキルを身に付けることには、リスクが伴います。私たち個人の時間には限りがあるからです。違う言い方をすれば、企業はビジネスで分散投資をできるのですが、個人のスキル構築は分散的には行いづらいのです。そのため、ある特定のスキルを身に付けたとしても、それが陳腐化してしまうリスクにはいつも直面しています。医者や弁護士といった職業であっても、いつ技術に代替されるかは分かりません。

しかし、あるスキルに投資していかなければ（つまり、リスクをとらなければ）、高いリターンも見込めません。この点で、スキルアップやキャリア・チェンジにつながる再教育の重要性は高いです。

また、家計を支えるパートナーも重要です。家計を支え合えれば、どちらかのスキルが陳腐化してしまったとしても、一定期間は支えることができます。スキルアップやキャリアチェンジのための自己投資もやりやすくなります。日本の文脈で言えば、この点でも女性の社会進出はイノベーションにとっても重要です。これは決して女性が男性のリスクヘッジの役割を担えと言っているわけではありません。お互いに家計（そして、家庭にまつわるすべて）を支え合えれば、リスク・シェアとなります。

2　創造と破壊という二つの側面

政府にとっては、イノベーションは何よりも優先して目指すべき目標ではありません。平和で安全な国民の暮らしが大切です。人々はイノベーションのために暮らしているわけではないのです。

もちろん、イノベーションは経済成長の重要な源であり、持続的な経済成長は国民の福祉の水準を向上させるために欠かせません。生活も便利にしてくれます。ただし、良いことばかりではありません。イノベーションは、「創造的破壊」とも言われます。文字通り、創造的に既存のモノゴトを破壊するのです。創造と破壊の二つの側面があることも、イノベーションの性質です。

イノベーションの創造的な性質は、経済成長をもたらしたり、われわれの生活を豊かにしたり、企業の競争力の源泉になったりすることです。上下水道は、川や井戸に毎日水を汲みに行く重労働からわれわれを開放してくれました。蒸気機関は、風車や水車あるいは馬に頼っていた動力を大きく変えました。自動車の登場によりモビリティが、インターネットにより情報の流れが大きく向上しました。この創造的な側面があるからこそ、イノベーションを生み出すことが大切だと言われるわけです。

しかし、破壊的な性質もあるのです。イノベーションは既存のモノゴトを破壊します。蒸気機関の登場で大量の馬が失業しました。蒸気機関車が電車に替わるなかで、汽車の機関士も必要なくなりました。電話交換手は自動交換機によって置き換えられました。イノベーションは、既存のスキルを陳腐化させます。

(1) 時間がかかる創造の恩恵の浸透

創造的な面と破壊的な面の影響には、時間差があります。この時間差がやっかいです。

創造の恩恵はイノベーションを生み出した人も享受しますが、大きな恩恵は経済成長として現れます。イノベーションが経済成長として結実するのには、時間がかかります。

イギリスでは一七〇〇年代中頃から産業革命が起こり、さまざまなイノベーションが生み出されましたが、イノベーションの貢献による一人あたりのGDPの伸びが見られるのは、一八〇〇年代に入ってからでした（Crafts（2005））。

なぜ、直ちにイノベーションの恩恵は現れないのでしょう。それには、二つの理由があります。一つ目の理由は、画期的な新しいモノゴトが生み出されたとしても、はじめはだいたい使い物にならないのです。改良が積み重ねられていくことによって、少しずつ使えるものになっていき、生産性が向上していきます。累積的な改良が積み重ねられていくのには、やはり時間が必要なのです。

二つ目の理由は、補完財が必要だからです。新しいモノゴトが一つだけ生み出されたからといっても、多くの場合、それ単体では機能しないのです。例えば、電球が生み出されたとしても、発電所や送電網が整備されなければ意味がありません。道路や信号、ガソリンスタンド、自動車保険などがあるからこそ自動車が役に立つのです。補完財が整備されてくるのに時間がかかるので、すぐには恩恵が現れにくいのです。恩恵は時間をかけてじわじわと社会へと広がっていきます。

(2) 直ちに局所的に現れる破壊的な側面のダメージ

イノベーションの恩恵がすぐに現れない理由は、実はもう一つあります。それは新しいモノゴトへの抵抗です。破壊的な側面が大きいものであればあるほど、既存のモノゴトのやり方でうまくいっているあるいは、新しいモノゴトにより自身のスキルや強みが陳腐化させられてしまう人や組織は抵抗します。

イノベーションの恩恵は長い時間かけて、社会全体へと浸透していきます。その一方で、破壊的な側面は、短期間に特定の人に局所的に出ます。自分のスキルが破壊される人は、そのイノベーションに強く反対します。自分の職がなくなってしまうかもしれない人たちにとっては、イノベーションの恩恵よりもコストの方がはるかに大きいのです。破壊される人が特定の人に集中すればするほど、その人たちの抵抗は強くなります。そのため、新しいモノゴトが社会に普及するのに時間がかかるのです。

抵抗で最も有名なのは、産業革命期のイギリスのラッダイト運動です。綿工業において自動化された機械に職を奪われた熟練労働者たちが、機械を打ち壊したのです。さすがに、このような暴力的な抵抗は現代では見られなくなっています。「おいおい！　そんなことしたらオレ／ワタシの仕事がなくなっちゃうじゃないか！」と声を荒らげ、暴れまわる人は社内にはいないでしょう。

しかし、それは抵抗がなくなったというわけではありません。もっと静かなかたちになっているだけです。自分が蓄積してきたスキルを陳腐化してしまうような新しいモノゴトには、できるだけ入ってきてもらいたくありません。

最初は無視します。無視しきれなくなってくると、「使い物にならない」「実績はあるのか」「うまくいくか分からない」「リスクがある」などと言い、できるだけ導入を遅らせるのです。抵抗に負けたり、代替が生じないように穏便にやっていこうとすると、新しいモノゴトの導入が遅くなったり、中途半端なかたちでの導入になったりします。

人工知能などの新技術により、人々の職業が奪われることが心配されています。このような、機械によるスキルの代替は現在に始まったことではなく、昔から起こっています。この代替こそが生産性を高め、イノベーションの創造的な側面の恩恵を生み出すとも言えます。

(3) イノベーションの恩恵とダークサイド

政府がイノベーションを促進する最も大きな理由は、それが経済成長の源泉の一つだからです。経済成長の源泉は簡単に言えば、労働の投入量、資本投入量、そしてイノベーションの三つの要素です。日本では、労働投入量が今後大きく増える見込みはなく、資本の投入量も減っています。だからこそ、イノベーションが経済成長の源泉としてますます大切になってきます。

さらに、イノベーションは生活を便利にしてくれます。今、私たちの生活にとって当たり前となっているものでさえ、誰かがつくった新しいモノゴトです。例えば、前述のように上下水道がなかったときには、人々は水くみや汚水の処理に大きな労力を割いて暮らしていました。列車や自動車、飛行機はわれわれのモビリティを大きく変えました。冷蔵庫やミシン、電子レンジ、コンピューターやインターネットなど、もうそれらがない暮らしには戻れないほどです。

これらの創造的な側面が存在しているからこそ、イノベーションは目指すべきものとなるのです。しかし、ここで繰り返し見ているように、破壊的な側面もあります。既存のモノゴトを陳腐化するのです。既存のモノゴトを陳腐化し、代替するからこそ、社会全体の生産性が向上し、経済成長がもたらされるのです。

しかし、自分のスキルが陳腐化させられた人にとっては、これはたまったものではありません。インパクトの大きいイノベーションが起こると、短期的には賃金が下がったり、失業が多くなったりします。多くの人のスキルが破壊されるからです。これは、イノベーションの破壊的な側面による負の影響です。

これを放っておくと、経済的な格差が広がってしまう可能性がありますし、新しいモノゴトにより自身のスキルや強みが陳腐化させられてしまう人や組織の強い抵抗によりイノベーションが社会に浸透しないことにもなります。

ただし、スキルや強みが陳腐化し、生産性が低下している企業を保護しすぎると、第2章で見た図表2－3のようになってしまいます。全体の利益水準を下げてしまうため、速やかな退出も重要です。

この負の影響への対処が求められているのは、政府です。政府はイノベーションを促進していくという政策をしつつも、この負の影響に対処しないといけないのです。だからこそ、イノベーションに関して、政府のかじ取りは難しいのです。

(4) イノベーションのコスト負担

政策の視点からすると、イノベーションのコスト負担は考えたいところです。イノベーションのコストを、二つに分けて考えましょう。プライベートなコストと社会的なコストです。

プライベートなコストとは、企業がイノベーションを生み出すために支出する費用です。研究開発にかかる費用やその成果を製品化するための設備投資などが典型です。自ら生み出そうとするイノベーションのための企業の出費が、プライベートなコストです。

社会的なコストは、企業が負担しないイノベーションのコストであり、多くの場合は政府が負担しています。専有可能性が低く企業が行われない基礎的な研究は、大学や国の研究機関で行っています。

社会的なコストに含まれるものは、イノベーションを生み出すためのコストだけではありません。イノベーションによる負の外部性も社会的なコストです。例えば、産業革命以降、増えたCO_2の排出量によって起こっている環境問題は、社会的なイノベーションのコストと言えます。イノベーションによりスキルが陳腐化されてしまい、職を失った（あるいは賃金が下がってしまった）人に対する保護や生活の保障などのセイフティー・ネットも、社会的なコストです。

ビジネスパーソンが思い浮かべるイノベーションのコストは、前者のプライベートなものでしょう。しかし、政府としては後者のコストもきちんと合わせて考える必要があります。イノベーションの利益を誰が享受し、誰がコストを負担するのかは、重要なポイントです。

コスト負担の在り方は、その国の経済システム（ナショナル・イノベーション・システムと呼ばれています）によります。アメリカと日本は、イノベーションのコストの負担の在り方が異なっている良い例です。ここで少し見てみましょう。

まず、プライベートなコストですが、これは日米ともに基本的に企業が負担しています。ただ、企業の研究開発費を政府が負担する割合はアメリカの方が多いという側面もあります。本章のコラムでも見たように、スタートアップへの研究開発の支援はさまざまな形で行われています。プライベートのコストを政府が負担している割合が大きいと言えます。

最も大きな違いは、ソーシャルなコストの負担です。アメリカでは整理解雇がしやすく、企業はビジネスの競争力や需要の低下などに合わせて雇用を速やかに調整できます。そのため、企業は不採算のビジネスから速やかに撤退し、期待収益が大きいビジネスに経営資源を柔軟に配分していけます。

ただし、企業がレイオフや整理解雇による雇用調整を行ったときには、失業率は高くなります。失業率の高まりは、社会の不安定性を増します。経済的な格差も開きやすくなります。そのコストは政府（つまり国民）が負っていると言えます。

日本では、労働者の保護が強く、過去の判例から企業は整理解雇をそれほど柔軟に行うことはできません。戦後、企業は社会の公器だと考えられ、雇用を守ることは社会的な責任だと考えられるようになったのです。

しかし、需用の落ち込みやビジネスの陳腐化は起こります。それに対して、企業は、新入社員の数の抑制、働く時間の短縮、給与の引き下げなどで雇用を調整してきました。企業が潜在的な失業者を社内に抱えながらビジネスをしているということも言えます。このおかげで、失業率は先進国のなかでも低位で推移させることができました。比較的安定した社会を構築してきたと言えます。

ただ、イノベーションのコスト負担という点からすると、つまり、アメリカでは政府（つまり国民）が支払っているソーシャルなコストを、日本では企業が負担しているとも言えます。

このように、それぞれの国によってイノベーションのコストの負担の在り方は違っています。ここではアメリカと日本を例に説明しましたが、国ごとにコスト負担の在り方はそれぞれです。しかし、市場では同じ土俵での競争です。イノベーションのコスト負担が小さい企業の方が有利です。

繰り返しですが、アメリカでは、イノベーションによって破壊され、生産性が低くなってしまったビジネスの整理をしやすくすることによって、企業がこのイノベーションのコストを負担しなくても良いような社会をつくってきました。その分、国民が社会的なコストを負担してきたのです。

その反対に、日本では企業がこの社会的なコストをかなり負担しているわけです。日本とアメリカで、イノベーションのコストの負担の仕方が異なっているのです。それぞれの社会が、そのような負担の仕方を構築してきたのです。

イノベーションのコストの負担配分のデザインを社会全体で考えずに、日本でも破壊的イノベーションを促進するとかシリコンバレー型の産業集積をなどと求めるのは、表面的であり、安易すぎるのです。

(5)　分かれる考え方

イノベーションの負の側面に政府はどのように対処するべきなのかについては、われわれ国民の間で分かれるところかもしれません。

一つは、機会の平等が保たれている限りは、自己責任だという考え方です。イノベーションによるスキルの陳腐化は、地震や疫病などのように、ある日突然目の前に現れるようなものではありません。自分の仕事でスキルを磨いていれば、当然、新しい動きも視野に入ってくるはずです。

つまり、イノベーションによりスキルが陳腐化し、賃金が差が下がる、あるいは失業した人は、スキルアップやキャリア・チェンジだって可能であったはずなのにそれをサボっていた人なので、それは自己責任だという考え方です。

さらに、もしも、政府がイノベーションにより自分のスキルが陳腐化した人たちの所得低下をカバーするとすれば、それはモラルハザードを招く可能性もあります。どうせ政府が救ってくれると考え、スキルのアップデートをしない人たちが出てくるかもしれません。政府が、スキルの陳腐化による所得の低下に再分配を厚くすれば、イノベーションを生み出そうとする人たちのインセンティブを削ぐ可能性すらあります。

もちろん、機会の平等が保たれていることは大切です。しっかりと安価で質の高い教育が提供されていなければいけませんし、肌の色や性別、あるいは出身地などで機会が制限されることがあってはなりません。しかし、それらが保たれている限り、イノベーションにより代替された人の所得の低下は、自己責任だという考え方です。

もう一つは、スキルの陳腐化による所得の低下に対して、政府が積極的な再配分政策をとるべきだという考え方です。もしも、政府がイノベーションの負の側面を放っておくとすれば、所得の格差が生まれる可能性があります。そして、それは親から子どもへの教育投資や相続などを通じた所得移転により、世代を超えて固定化してしまうかもしれません。

イノベーションを生み出しその経済的な成果を得て経済的に豊かになる人と、イノベーションによりスキルが陳腐化し所得が上がらなくなった人の数を比べると、当然、後者が多くなります。

民主主義では、投票権は等しく一人一票持っています。つまり、後者の人たちが政治家にとっては大票田となります。自分の強い信念が特になく、風見鶏的な政治家は、当然、その大票田を狙うでしょう。そこでの政策は当然、保護主義的なものになります〈カール・ポランニーはこれが最終的にはファシズムに行きついたと指摘しています。詳しくは、Polanyi（1944）を参照してください〉。これでは、むしろイノベーションを阻害してしまいます。

そのため、政府がイノベーションの負の側面の影響に対して、ある程度、厚い再配分を行うべきであるという考え方です。

企業も、再配分の機能をある程度担ってきました。ある人が、研究開発で優れた発見をしたとしましょう。それをビジネスにするためには、さまざまな人の協力が必要です。ビジネスモデルを考えたり、マーケティングを行ったり、生産もしなければなりません。多くの人が関わって、イノベーションが生み出されてきたのです。投資をするトップ・マネジメント、研究所で新しいモノゴトを生み出す人、それをビジネスとして構築していく事業部の人、そして、工場で生産をする人まで、企業が得たイノベーションの経済的な価値の恩恵は分配されたのです。

しかし、現在では工場は機械化、オートメーション化が進み、以前と比べるとそこで働く人は少なくなっています。企業の垂直統合の程度は低下しています。コア・コンピタンスに集中し、それ以外は外注するようになっています。その結果、企業の再配分の機能が低下しています。だからこそ、政府の役割は大きくなっています。

再配分は、単に金銭面だけではありません。例えば、求職者への支援の拡充やキャリア・チェンジのための社会人教育にかかるコストの負担などもあるでしょう。これらは、再チャレンジのコストを低めます。これによって、次のイノベーションに対しての抵抗も小さくすることができます。ただ、厚い再配分は、イノベーションを生み出すインセンティブを削ぐ可能性もあります。

これら二つはどのような社会が望ましいかという点についての考え方の違いであり、どちらが正しいとかどちらが間違っているという性質のものではありません。イノベーションと言うと、目指すべき「善きもの」と考えられがちです。それは、これまでに創造的な側面ばかりが喧伝されてきたからでしょう。しかし、破壊的な側面も考慮に入れたうえで、国民としてどのような社会をつくりたいのか、そのためにどのような政府の政策が望ましいのかを、考えていくことが大切です。

あとがき

イノベーションを考えるためのポイントを整理したいという思いが、本書を書く動機の一つでした。イノベーションについては、「〇〇（ここはだいたい企業名あるいはヒット商品）から学べ」というような言説が多くあります。実際に、イノベーションのケースはたくさんあります。それぞれのケースで、ビジョンにあふれる企業家が試行錯誤の末、幾多の困難を乗り越え、幸運も重なりイノベーションを生み出すさまざまなストーリーがあります。そのため、「イノベーションは運ではないですか」という意見もありますし、それにもうなずけます。ケースはどれもユニークです。

ただ、それらを多く集めてみると、規則性が経験的に観察されています。ケースをミクロなレベルで見ているとイノベーションは運次第にも見えるのですが、もしも本当に運によって規定されているのであれば、規則性は観察されないはずです。つまり、イノベーションとなった成功ケースをいくつか見ただけでは気が付かないようなポイントや、過大評価あるいは過小評価されてしまうポイントがあるのです。

規則性を分析しているのは、学術的な研究です（規則性がないものはそもそも研究しにくいということもあります）。そこで得られた知見は多岐にわたるのですが、測定や分析方法についての専門的な議論も多く（しかも、そのほとんどは英語で行われています）とっつきやすいとは言えません。学術的な議論と実務上の重要性がずれてきてしまっているという懸念もあります。そのため、本書には、橋渡しをしたいという思いがありました。

この試みがどこまで成功しているかは、皆さんが評価することです。ただ、ビジネスパーソンや政策担当者と、研究者の間の議論はとても大切です。本書がその議論のきっかけの一つになれば幸いです。

最後に、お世話になった方々へのお礼を述べさせていただきたいと思います。本書は、日経BPの堀口祐介さんからお声がけいただいたことから始まったものです。ありがとうございます。一橋大学の大学院生の新田隆司さんや早稲田大学の研究室の皆さんには原稿を読んでいただきました。秘書の遠藤幸子さんはいつも研究しやすい環境をつくってくれています。本当にありがとうございます。妻の靖子と娘の希実は、長い時間デスクに向かいがちな筆者を支えてくれています。いつもありがとう。

本書は、百年近くあるイノベーションの研究を土台とするものです。これまで研究コミュニティをつくり上げてきてくれた方々に感謝を申し上げます。ただ、本書における不備や間違いなどは、すべて筆者に責任があるものです。

二〇二二年十二月

清水　洋

イノベーションのためのリーディングガイド

イノベーションについてもう一歩踏み込んで考えたいという方にお薦めの書籍を十冊紹介したいと思います。テキストと自分の本（お薦めしたいのですが）、そして洋書については日本語に訳されていないものなどは除き、紹介しています。

■カジュアルに考えたい方に

もう少しカジュアルにイノベーションについて考えたい、もう少し視点を広げて考えたい、あるいは通勤や通学、あるいはちょっとした隙間時間にあまり深刻にならずに読めるものを探している方には、これらがお薦めです。

- 岡本太郎『今日の芸術：時代を創造するものは誰か』光文社文庫、2022年
- エリック・ブリニョルフソン、アンドリュー・マカフィー（村井章子訳）『ザ・セカンド・マシン・エイジ』日経BP、2015年

一冊目は、イノベーションについてのものではありません。岡本太郎さんの芸術やそこで

の新しさについての論考です。これは、読んでいても楽しく、新しいモノゴトを生み出そうと考えている方にはとても参考になるはずです。二冊目は、今、起こりつつあるイノベーションについて読みやすく解説してくれています。機械に代替されるかもしれないと不安に思う人にはぜひとも読んでいただきたい本です。単行本の場合には少々太いので、電車のなかで読む場合には電子書籍が良いと思います。

■有名な研究を読みたい方に

多くの人が知っている有名な研究というと次の二冊でしょう。両方ともどこかで聞いたことがあるという方も多いのではないでしょうか。耳学問でなく、チャレンジしてみようという方には、これらは読みやすくお薦めです。

- エベレット・ロジャーズ（三藤利雄訳）『イノベーションの普及』翔泳社、2007年
- クレイトン・クリステンセン（伊豆原弓訳）『イノベーションのジレンマ　増補改訂版：技術革新が巨大企業を滅ぼすとき』翔泳社　2001年

前書は、本書にも出てきたイノベーションがどのような段階を経て普及していくのかを議論しています。マーケティングの観点でイノベーションを考えたい方は必読です。クリステ

ンセンの本は、『イノベーターのジレンマ』と訳してほしかった（原書はそのようなタイトルです）ところですが、経営企画でイノベーションの戦略を考えている方には欠かせない一冊です。

■日本企業の研究を読みたい方に

日本企業のイノベーションを分析した研究書もたくさんあります。本格的にイノベーションを考えたい場合には、これらがお薦めです。両書とも骨太で手軽に読めるものではありませんが、落ち着いてノートに論理をまとめながら読みたいという方にはお薦めです。

●藤本隆宏、キム・B・クラーク（田村明比古訳）『【増補版】製品開発力：自動車産業の「組織能力」と「競争力」の研究』ダイヤモンド社、2009年

●武石彰、青島矢一、軽部大『イノベーションの理由：資源動員の創造的正当化』有斐閣、2012年

前書は自動車産業を分析したものですが、新しい製品やサービスはどのように生み出すのか、どのような組織を構築するべきなのかなどを考えたい方には最適です。二冊目は、大河内賞という優れた産業技術を生み出した企業に与えられる賞を受賞した企業のケーススタデ

ィから、イノベーションの創出に必要な経営資源の動員を議論しているものです。

■イノベーションの歴史を知りたい方に

歴史を振り返ると、イノベーションが生み出され始めたのは案外最近（といっても、十八世紀中頃ですが）のことです。なぜ、それ以前にはイノベーションは持続的に生み出されなかったのか、今後のイノベーションを考えたい方には歴史はお薦めです。

●ロバート・C・アレン（眞嶋史叙ほか訳）『世界史のなかの産業革命：資源・人的資本・グローバル経済』名古屋大学出版会、2017年

●トム・ニコラス（鈴木立哉訳）『ベンチャーキャピタル全史』新潮社、2022年

産業革命は人類史上最も重要な出来事の一つでしょう。前書は、なぜ、十八世紀のイギリスでそれが起こったのかを鮮やかに描いています。トム・ニコラスの本は、アメリカにおいてリスクの高い試行錯誤の量がなぜ大きくなっていったのかを見せてくれます。まさに、現在のアメリカのビジネスがどのように形成されてきたかの歴史でもあります。

■イノベーションの古典にふれたい方に

古典は、現在の書籍のように読みやすくはありません。出版された当時は編集技術もそれほどありませんでしたから、繰り返し同じような話も出てきます。それでも、そこには風雪を耐えた幹の太い論理があります。分かりにくいので、読書会などでみんなで読んで議論するのがお薦めです。

- トーマス・クーン（中山茂訳）『科学革命の構造』みすず書房、1971年
- J・A・シュンペーター（八木紀一郎、荒木詳二訳）『シュンペーター経済発展の理論（初版）』日本経済新聞出版、2020年

『科学革命の構造』は科学においてどのように革命が構造的に生み出されるのかを描いたものであり、イノベーションについて議論しているものではありません。しかし、パラダイム・チェンジの起こり方はイノベーションのパターンと酷似しています。二冊目のシュンペーターの本は、経済成長におけるイノベーションの役割を考えているものです。イノベーションの研究はシュンペーターから始まったと言っても過言ではありません。これを読んですぐにビジネスに活かせるというものではありませんが、ベスト・クラシックです。

網倉久永・新宅純二郎（2011）『マネジメント・テキスト　経営戦略入門』日本経済新聞出版社.
加藤俊彦（2014）『日経文庫　競争戦略』日本経済新聞出版社.
清水洋（2016）『ジェネラル・パーパス・テクノロジーのイノベーション：半導体レーザーの技術進化の日米比較』有斐閣.
——（2019）『野生化するイノベーション：日本経済「失われた20年」を超える』新潮社.
——（2022 a）『アントレプレナーシップ』有斐閣.
——（2022 b）『イノベーション』有斐閣.
武石彰・青島矢一・軽部大（2012）『イノベーションの理由：資源動員の創造的正当化』有斐閣.
沼上幹（2009）『経営戦略の思考法：時間展開・相互作用・ダイナミクス』日本経済新聞出版社.

Analysis of the Returns to Self – Employment." *Journal of Political Economy*, 108 (3), 604-631.

Huckman, Robert S., Bradley R. Staats and David M. Upton (2009) "Team Familiarity, Role Experience, and Performance: Evidence from Indian Software Services." *Management Science*, 55 (1), 85-100.

Klepper, Steven and Kenneth L. Simons (2005) "Industry Shakeout and Technological Change." *International Journal of Industrial Organization*, 23 (1-2), 23-43.

McCloskey, Deirdre N. (1976) "English Open Fields as Bbehavior towards Rrisk." *Research in economic history*.

Nicholas, Tom (2019) *VC : an American History*. Harvard University Press.（鈴木立哉訳『ベンチャーキャピタル全史』新潮社、2022年）

Polanyi, Karl (1944) *The Great Transformation*. New York, Toronto: Farrar & Rinehart inc.（野口建彦・栖原学訳『新訳 大転換：市場社会の形成と崩壊』東洋経済新報社、2009年）

Rees, Hedley and Anup Shah (1986) "An Empirical Analysis of Self – Employment in the UK." *Journal of Applied Econometrics*, 1 (1), 95-108.

Rogers, Everett M. (2003) *Diffusion of Innovations (5th edition)*. New York: Free Press.（三藤利雄訳『イノベーションの普及』翔泳社、2007年）

Tushman, Michael and Philip Anderson (1986) "Technological Discontinuities and Organizational Environments." *Administrative Science Quarterly*, 31, 439-465.

Utterback, James M. and William J. Abernathy (1975) "A Dynamic Model of Process and Product Innovation." *Omega*, 3 (6), 639-656.

Utterback, James M. and Fernando F. Suárez (1993) "Innovation, Competition, and Industry Structure." *Research Policy*, 22 (1), 1-21.

Yamamura, Eiji,Tetsushi Sonobe and Keijiro Otsuka (2005) "Time Path in Innovation, Imitation, and Growth: the Case of the Motorcycle Industry in Postwar Japan." *Journal of Evolutionary Economics*, 15 (2), 169-186.

参考文献

Abernathy, William J.（1978）*The Productivity Dilemma: Roadblock to Innovation in the Automobile Industry*. Baltimore: Johns Hopkins University Press.

Ansoff, H. Igor（1957）"Strategies for Diversification." *Harvard Business Review*, 35（5）, 113-124.

Åstebro, Thomas,Pontus Braunerhjelm and Anders Broström. 2013. "Does Academic Entrepreneurship Pay?" *Industrial and Corporate Change*, 22（1）, 281-311.

Borjas, George J. and Stephen G. Bronars（1989）"Consumer Discrimination and Self-employment." *Journal of Political Economy*, 97（3）, 581-605.

Brock, William A, David Sparks Evans and Bruce D. Phillips (1986）*The Economics of Small Businesses: Their Role and Regulation in the US Economy*. Holmes & Meier New York.

Burgelman, Robert A.（1983）"Corporate Entrepreneurship and Strategic Management: Insights from a Process Study." *Management Science*, 29（12）, 1349-1364.

Bygrave, William D. and Andrew Zacharakis（2008）*Entrepreneurship*. J. Wiley & Sons.

Christensen, Clayton M.（1993）"The Rigid Disk Drive Industry, 1956-90: A History of Commercial and Technological Turbulence." *Business History Review*, 67 (Winter), 531-588.

Crafts, Nicholas（2005）"The First Industrial Revolution: Resolving the Slow Growth/Rapid Industrialization Paradox." *Journal of the European Economic Association*, 3（2/3）, 525-534.

Espinosa, Alberto J., Slaughter, Sandra A., Kraut, Robert E., and Herbsleb, James D.（2007）"Familiarity, Complexity, and Team Performance in Geographically Distributed Software Development." *Organization Science*, 18（4）, 613-630.

Hamilton, Barton H.（2000）"Does Entrepreneurship Pay? An Empirical

な行

は行

た行

さ行

索　引

英数字

あ行

〈A〉経済・金融

3 貿易の知識 小峰・村田
5 外国為替の実務 三菱UFJリサーチ&コンサルティング
7 外国為替の知識 国際通貨研究所
22 債券取引の知識 武内浩二
24 株式公開の知識 加藤・松野
26 EUの知識 藤井良広
36 環境経済入門 三橋規宏
40 損害保険の知識 玉村勝彦
42 証券投資理論入門 大村・俊野
44 証券化の知識 大橋和彦
45 入門・貿易実務 椿弘次
49 通貨を読む 滝田洋一
52 石油を読む 藤和彦
56 デイトレード入門 廣重勝彦
58 中国を知る 遊川和郎
59 株に強くなる 投資指標の読み方 日経マネー
60 信託の仕組み 井上聡
61 電子マネーがわかる 岡田仁志
62 株式先物入門 廣重勝彦
64 FX取引入門 廣重・平田
65 資源を読む 柴田明夫・丸紅経済研究所
66 PPPの知識 町田裕彦
68 アメリカを知る 実哲也
69 食料を読む 鈴木・木下
70 ETF投資入門 カン・チュンド
71 レアメタル・レアアースがわかる 西脇文男
72 再生可能エネルギーがわかる 西脇文男
73 デリバティブがわかる 可児・雪上
74 金融リスクマネジメント入門 森平爽一郎
75 クレジットの基本 水上宏明
76 世界紛争地図 日本経済新聞社
77 やさしい株式投資 日本経済新聞社
78 金融入門 日本経済新聞社
79 金利を読む 滝田洋一
80 医療・介護問題を読み解く 池上直己
81 経済を見る3つの目 伊藤元重
82 国際金融の世界 佐久間浩司
83 はじめての海外個人投資 廣重勝彦
84 はじめての投資信託 吉井崇裕
85 フィンテック 柏木亮二
86 はじめての確定拠出年金 田村正之
87 銀行激変を読み解く 廉了
88 仮想通貨とブロックチェーン 木ノ内敏久
89 シェアリングエコノミーまるわかり 野口功一
91 テクニカル分析がわかる 古城鶴也
92 ESGはやわかり 小平龍四郎
93 シン・日本経済入門 藤井彰夫
94 医療と介護3つのベクトル 池上直己
95 資源の世界地図 飛田雅則
96 アジアのビジネスモデル 新たな世界標準 村山宏
97 インパクト投資入門 須藤奈応
98 戦後日本経済史 日本経済新聞社
99 カーボンニュートラル 野村総合研究所

〈B〉経営

33 人事管理入門 今野浩一郎
41 目標管理の手引 金津健治
42 OJTの実際 寺澤弘忠
53 ISO9000の知識 中條武志
63 クレーム対応の実際 中森・竹内
70 製品開発の知識 延岡健太郎
74 コンプライアンスの知識 髙巖
76 人材マネジメント入門 守島基博
77 チームマネジメント 古川久敬
80 パート・契約・派遣・請負の人材活用 佐藤博樹
83 成功するビジネスプラン 伊藤良二
85 はじめてのプロジェクトマネジメント 近藤哲生
86 人事考課の実際 金津健治
91 職務・役割主義の人事 長谷川直紀
93 経営用語辞典 武藤泰明
95 メンタルヘルス入門 島悟
96 会社合併の進め方 玉井裕子

98 中小企業のための事業承継の進め方 松木謙一郎
104 職場のワーク・ライフ・バランス 佐藤・武石
106 ブルー・オーシャン戦略を読む 安部義彦
107 パワーハラスメント 岡田・稲尾
108 スマートグリッドがわかる 本橋恵一
109 BCP〈事業継続計画〉入門 緒方・石丸
110 ビッグデータ・ビジネス 鈴木良介
112 職場のメンタルヘルス入門 難波克行
113 組織を強くする人材活用戦略 太田肇
115 マネジャーのための人材育成スキル 大久保幸夫
116 会社を強くする人材育成戦略 大久保幸夫
117 女性が活躍する会社 大久保・石原
118 新卒採用の実務 岡崎仁美
119 IRの成功戦略 佐藤淑子
120 これだけは知っておきたいマイナンバーの実務 梅屋真一郎
121 コーポレートガバナンス・コード 堀江貞之
122 IoTまるわかり 三菱総合研究所
123 成果を生む事業計画のつくり方 平井・淺羽
124 AI（人工知能）まるわかり 古明地・長谷
125 「働き方改革」まるわかり 北岡大介
126 LGBTを知る 森永貴彦
127 M&Aがわかる 知野・岡田
128 「同一労働同一賃金」はやわかり 北岡大介
129 営業デジタル改革 角川淳
130 全社戦略がわかる 菅野寛
131 5Gビジネス 亀井卓也
132 SDGs入門 村上・渡辺
133 いまさら聞けない ITの常識 岡嶋裕史
134 サブスクリプション経営 根岸・亀割
135 アンガーマネジメント 戸田久実
136 PDCAマネジメント 稲田将人
137 リモート営業入門 水嶋玲以仁
138 Q&Aいまさら聞けないテレワークの常識 武田・中島
139 ビジネス新・教養講座 テクノロジーの教科書 山本康正
140 日本企業のガバナンス改革 木ノ内敏久
141 ビジネス新・教養講座 企業経営の教科書 遠藤功
142 ジョブ型雇用はやわかり マーサージャパン

〈C〉会計・税務

1 財務諸表の見方 日本経済新聞社
2 初級簿記の知識 山浦・大倉
4 会計学入門 桜井久勝
12 経営分析の知識 岩本繁
13 Q&A経営分析の実際 川口勉
23 原価計算の知識 加登・山本
41 管理会計入門 加登豊
48 時価・減損会計の知識 中島康晴
49 Q&Aリースの会計・税務 井上雅彦
50 会社経理入門 佐藤裕一
51 企業結合会計の知識 関根愛子
52 退職給付会計の知識 泉本小夜子
53 会計用語辞典 片山・井上
54 内部統制の知識 町田祥弘
56 減価償却がわかる 都・手塚
57 クイズで身につく会社の数字 田中靖浩
58 これだけ財務諸表 小宮一慶
59 ビジネススクールで教える経営分析 太田康広
60 Q&A軽減税率はやわかり 日本経済新聞社

〈D〉法律・法務

2 ビジネス常識としての法律 堀・淵邊
6 取締役の法律知識 中島茂
11 不動産の法律知識 鎌野邦樹
14 独占禁止法入門 厚谷襄児
20 リスクマネジメントの法律知識 長谷川俊明
22 環境法入門 畠山・大塚・北村
24 株主総会の進め方 中島茂
26 個人情報保護法の知識 岡村久道

〈E〉流通・マーケティング

〈F〉経済学・経営学

〈G〉 情報・コンピュータ

〈H〉 実用外国語

〈I〉 ビジネス・ノウハウ

60 企画のつくり方　原尻淳一
61 仕事で恥をかかない日本語の常識　日本経済新聞出版社
62 戦略思考トレーニング　経済クイズ王　鈴木貴博
63 モチベーションの新法則　榎本博明
64 仕事で恥をかかないビジネスマナー　岩下宣子
65 コンセンサス・ビルディング　小倉広
66 キャリアアップのための戦略論　平井孝志
67 心を強くするストレスマネジメント　榎本博明
68 営業力　100本ノック　北澤孝太郎
69 ビジネス心理学　100本ノック　榎本博明
70 これからはじめるワークショップ　堀公俊
71 EQトレーニング　高山直
72 プロが教えるアイデア練習帳　岡田庄生
73 実践！　1on1ミーティング　本田賢広
74 コンサルタント的　省力説明術。　小早川鳳明
75 データサイエンティスト入門　野村総合研究所 データサイエンスラボ
76 ウェルビーイング　前野隆司・前野マドカ
77 ビジネス思考力を鍛える　細谷功
78 アサーティブ・コミュニケーション　戸田久実

ベーシック版

不動産入門　日本不動産研究所
貿易入門　久保広正
経営入門　高村寿一

ビジュアル版

マーケティングの基本　野口智雄
経営の基本　武藤泰明
流通の基本　小林隆一
経理の基本　片平公男
貿易・為替の基本　山田晃久
日本経済の基本　小峰隆夫
金融の基本　高月昭年
品質管理の基本　内田治
キャッシュフロー経営の基本　前川・野寺
IFRS〔国際会計基準〕の基本　飯塚・前川・有光
マーケティング戦略　野口智雄
経営分析の基本　佐藤裕一
仕事の常識&マナー　山崎紅
はじめてのコーチング　市瀬博基
ロジカル・シンキング　平井・渡部
仕事がうまくいく　会話スキル　野口吉昭
使える！　手帳術　舘神龍彦
ムダとり　時間術　渥美由喜

ビジネスに活かす統計入門　内田・兼子・矢野
ビジネス・フレームワーク　堀公俊
アイデア発想フレームワーク　堀公俊
図でわかる会社法　柴田和史
資料作成ハンドブック　清水久三子
マーケティング・フレームワーク　原尻淳一
図でわかる経済学　川越敏司
7つの基本で身につく　エクセル時短術　一木伸夫
AI（人工知能）　城塚音也
ゲーム理論　渡辺隆裕
働き方改革　岡崎淳一
職場と仕事の法則図鑑　堀公俊
いまさら聞けない人事マネジメントの最新常識　リクルートマネジメントソリューションズ
ビジネスモデルがわかる　井上達彦
データサイエンティスト　基本スキル80　野村総合研究所 データサイエンスラボ

著者略歴

清水 洋（しみず・ひろし）

早稲田大学商学学術院教授

1973年生まれ、97年中央大学商学部卒業、99年一橋大学大学院商学研究科修士課程修了、2002年ノースウェスタン大学歴史学研究科修士課程修了、07年ロンドン・スクール・オブ・エコノミクスPh.D取得（経済史）、同年アイントホーフェン工科大学リサーチフェロー、08年一橋大学イノベーション研究センター専任講師、一橋大学大学院商学研究科・イノベーション研究センター准教授、同教授を経て、19年より現職。

著書に『ジェネラル・パーパス・テクノロジーのイノベーション』（有斐閣、日経・経済図書文化賞、組織学会高宮賞受賞）、*General Purpose Technology, Spin-out, and Innovation*（Springer, Schumpeter Prize受賞）、『野生化するイノベーション』（新潮選書）、『アントレプレナーシップ』『イノベーション』（いずれも有斐閣）などがある。

論文は*Research Policy*や*Business History Review*などに多数。

日経文庫

イノベーションの考え方

2023年1月13日　1版1刷

著者　清水 洋

発行者　國分正哉

発　行　株式会社日経BP
日本経済新聞出版

発　売　株式会社日経BPマーケティング
〒105-8308　東京都港区虎ノ門4-3-12

装幀　next door design
組版　マーリンクレイン
印刷・製本　シナノ印刷

 ISBN978-4-296-11634-8
Printed in Japan